Tomando Posesión de las Riquezas del Reino

Activando los Principios de la Prosperidad del Reino a Nuestro Favor

Iliana E. Ramos, Ph.D.

Propiedad intelectual protegido por
Iliana E. Ramos, Ph.D. © 2013

Tomando Posesión de las Riquezas del Reino
Activando los Principios de la Prosperidad del Reino a Nuestro Favor
por Iliana E. Ramos, Ph.D.

Impreso en los Estados Unidos

ISBN 9781626979567

Todos los derechos reservados por parte del autor. El autor garantiza que todo el contenido de este libro es original y que no infringe los derechos de cualquier otra persona u obra. Ninguna parte de este libro puede ser reproducido en ninguna forma sin el permiso del autor. Las expresiones y opiniones en este libro no son necesariamente las del publicador.

Sino esta indicado, citas de la Biblia son de Santa Biblia versión Reina Valera 1960. Propiedad intelectual © 1992 por Holman Bible Publishers.

www.xulonpress.com

TABLA DE CONTENIDO

DEDICATORIA. vii
PREFACIO ix
INTRODUCCIÓN xiii

CAPÍTULO 1
El Próposito de Dios Para Tu Prosperidad 17

CAPÍTULO 2
El Principio de la Generosidad 38

CAPÍTULO 3
El Principio de Ofrendar 50

CAPÍTULO 4
La Ofrenda Salada 81

CAPÍTULO 5
El Secreto de la Prosperidad 91

BIBLIOGRAFÍA 117
ACERCA DEL AUTOR 119

Dedicatoria

Quiero dedicarle este libro a Dios primeramente y luego a la iglesia que pastoreo junto a mi esposo Rafael Cruz por veinte años, la iglesia El Shaddai. Gracias a todos los hermanos que juntamente se han congregado conmigo en todos estos años de peregrinaje; y aun a los que siguen llegando, pues ellos son mi fuerza motora, los que me impulsan a buscar más de Dios y a procurar su revelación en mi vida. Quiero decirle a la congregación de "El Shaddai" que los amo con todo mi corazón. Muchas gracias por su apoyo. Ustedes son la causa por la cual yo escribí este libro. Este libro contiene la gran revelación de la prosperidad del Reino y la guía para obtener las promesas de las cuales Dios nos ha hablado a través de sus profetas y de su Palabra. "El Shaddai" es y será una iglesia próspera en todo.

Iliana E. Ramos, Ph.D.

Prefacio

¿Quién no anhela ser próspero? La mayoría de las personas que conocemos no lo son. Sueñan con ser prósperos, hablan de la prosperidad; pero casi nunca lo consiguen. La mayoría de las personas no comprenden como alcanzar la prosperidad en sus vidas. La única manera de conseguir la verdadera prosperidad es a través del Reino de Dios.

La prosperidad económica ha sido la meta de los hombres durante toda su existencia y muchos han trabajado fuerte hasta lograrlo; pues para ser próspero usted no necesita tener suerte ni nacer siendo rico. Pero una prosperidad completa, o sea tener seguridad eterna; el poder, la autoridad, paz, salud y la economía para vivir en esta tierra con todo lo necesario y no tener necesidad de nada, sólo se puede alcanzar por medio de Jesucristo. Una vez que usted experimente un encuentro con Cristo y lo acepte para que entre en su corazón y Él gobierne su vida, usted ya ha comenzado a prosperar.

Este libro te da las herramientas para poder alcanzar la prosperidad de Dios aquí en la Tierra. El Reino de Dios es una extensión del gobierno del Cielo en la Tierra. Cada creyente en su nuevo nacimiento se ha convertido, por nacimiento espiritual, en ciudadano del Reino. Por lo tanto, gozará de todos los privilegios que el Reino de Dios tiene para sus hijos; salvación, sanidad, poder y la prosperidad para todos sus ciudadanos. Este gobierno es establecido en los corazones de cada creyente que ha aceptado a Cristo como Salvador personal de sus vidas. Una vez que usted sea parte del Reino de Dios, significa que el Reino de Dios va con usted a donde quiera que usted vaya. Por qué usted es embajador del Reino de Dios aquí en la Tierra.

A través de estas enseñanzas tendrás acceso a las llaves para usted alcanzar la prosperidad que sólo a través del Reino de Dios puede lograr. El Reino de Dios te ofrece una prosperidad integral; además, serás próspero tanto económicamente como en todas las áreas de tu vida; en la salud física como espiritual. Este libro hace un análisis y un estudio a través de la Palabra de Dios, para guiarte a alcanzar un nivel de prosperidad mayor al que tienes en el presente. La revelación de esta enseñanza es un poderoso instrumento para todo aquel que desee avanzar en su vida espiritual y quiera tomar posesión de los privilegios del Reino.

Tomando Posesión de las Riquezas del Reino, expand el conocimiento que nos llegó a través del libro Tomando Posesión del Reino. Abriéndonos nuevas puertas hacia el conocimiento de los beneficios y privilegios de la economía del Reino para los hijos de Dios. Debido a la riqueza, tanto en información que se nos brinda en estas páginas, como en el conocimiento de cómo conseguir la prosperidad que hay en el Reino de Dios; Confió que este libro tendrá un lugar en la biblioteca de cada familia cristiana y que será un gran recurso como material de estudio en toda institución de enseñanza teológica.

Dra. Iliana Ramos

Introducción

Siempre el tema del dinero ha sido un tema conflictivo en las iglesias, y más en las iglesias Protestantes; como si hablar o predicar sobre el tema de dinero fuera un pecado o algo malo. Muchos ven el dinero como el culpable de la corrupción del hombre. En muchas iglesias, ya no predican sobre el tema del dinero para que la gente no se sienta mal; o se viera como si el ministro de Dios fuera un hombre interesado en el dinero y que sólo anda en busca de su propia economía; pero a cuenta de los feligreses. En otros casos, han viciado el mensaje de la prosperidad, "supuestos" ministros del evangelio del Reino, que han utilizado el evangelio para lucrarse ellos mismos y no la obra del Señor y se han aprovechado de muchos creyentes con mensajes bien adornados y manipulados a los que la congregación ha respondido bajo emoción o impulso dando todo lo que tienen esperando recibir a cambio su recompensa, y muchos todavía están esperándola.

La prosperidad del Reino si es real, es bíblica. Nosotros como hijos de Dios podemos tomar posesión de los tesoros del cielo que han sido designados para que los hijos de Dios los disfruten mientras estén en la tierra. Porque Dios quiere que sus hijos sean prósperos.

Sin embargo, el ministro de Dios que no predique o enseñe sobre la economía del Reino ni sepa llevar su propia economía está o estará arruinado toda su vida; predicando un evangelio incompleto sin una verdadera convicción en cuanto a lo que la prosperidad del Reino se refiere. Debemos predicar de las grandes verdades del evangelio del Reino. Debemos decirle a la gente que Dios es misericordioso y que en el evangelio de Cristo se encuentra todo lo que ellos necesitan; salvación, paz, felicidad, etc., pero sin obviar el tema de la prosperidad, si no sería un mensaje incompleto y mediocre.

Estamos muy de acuerdo con todas estas grandes verdades, pero entonces, qué sucede cuando nuestras economías no mejoran y estamos en el evangelio donde todo eso lo ofrece el Señor pero nosotros no lo hemos alcanzado porque no vemos que el tema de las finanzas o de dinero sea tan importante. Porque para ellos lo único que importa es la salvación del Alma. Pero ¿Es necesario vivir toda la vida mal, pasando necesidades, carencia; esperando que Cristo venga o que nos muramos sin ver todas las bendiciones que Dios nos ha prometido como sus hijos? ¡Claro que no! Por eso es importante que los hijos de Dios conozcan sobre la prosperidad del Reino. Si realmente la prosperidad es parte de la verdad del evangelio que predicamos, por qué no tomar posesión de ellas. Si nuestro Padre Celestial creó las riquezas porque no disfrutarlas. ¿Realmente hay prosperidad económica en el Reino de Dios en la Tierra? Preguntas como ésta nos las estaremos contestando a través de estas páginas.

En nuestra cultura contemporánea el dinero juega un factor muy importante, sin él prácticamente nada podemos hacer. Tenemos necesidad de pagar una vivienda, ropa, comida, utilidades, etc., y sin el dinero no lo podemos lograr. Para que usted vea lo importante que es el dinero en la vida de cada uno de nosotros. Hay quienes dicen, "que el dinero no lo es todo", pero sin él, no podemos hacer mucho. Lo cierto es que los que se molestan que le hablen de dinero son aquellos que lo necesitan más y sus vidas no están bajo el control de Dios.

Si usted no está manejando su economía conforme al plan de Dios significa que su vida esta desajustada, no está balanceada. No importa cuán espiritual pueda ser usted en otras áreas de su vida, pero si su dinero no está sometido a Dios, nunca conocerás la verdadera prosperidad del Reino de Dios. Si no logramos que nuestro dinero se ajuste a la voluntad de Dios como está revelada en su Palabra nunca podremos hablar de la realidad del mensaje del Reino. Este libro tiene principios bíblicos de modo que usted pueda vivir en la bendición y en la abundancia de Dios.

No importa en qué país del mundo usted viva el principio bíblico es el mismo, no cambia. Aun en el país más pobre del mundo, usted puede ser próspero. Esto no es cuestión de vivir en opulencia y en vanidad, sino de tener abundancia. No quiero que usted mida su prosperidad con la mía que vivo en los Estados Unidos de América. Sino que dentro de la condición socio-económica y de política en que usted vive, usted puede ser próspero. La prosperidad es inherente con el evangelio del Reino, no lo podemos ignorar. Usted es un hijo de Dios, y los hijos de Dios pueden vivir en la abundancia del Reino. Dios le ha dado usted talentos y habilidades para ser próspero, aprenda a darle a Dios en lo poco y Él lo pondrá a usted en lo mucho.

1
El Propósito de Dios Para Tu Prosperidad

Nunca piense que su dinero no tiene un propósito espiritual o importante, no lo subestime ni lo menosprecie y mucho menos piense que es malo o pecado tenerlo. Su dinero representa cuatro aspecto muy importantes de usted: su tiempo, su fuerza, sus talentos, y tal vez su herencia.

Su tiempo: porque si usted trabajo cuarenta horas en la semana, eso constituye cuarenta horas de su vida invertidas en el dinero que usted gana.

Su fuerza: quizás usted fue a la universidad y todos los años de estudio que usted invirtió para obtener una preparación académica, de lo cual usted tiene ahora un buen trabajo, significa que todos esos años están representados por su dinero, porque si usted no tuviera la educación que tiene, no podría ganar el dinero que gana para su bienestar.

Sus talentos o habilidades: Si usted tiene talentos o habilidades naturales de naturaleza prácticas, que tal vez usted no fue al colegio para adquirirlas pero se gana la vida con ellas, esos talentos o habilidades estarán representados por su dinero.

Su herencia: puede ser dinero u otras cosas valiosas como: joyas, propiedades como casas o tierras que les fueron transferidas de personas que lo amaban y cuando sus vidas llegaron a su fin se las concedieron.

Ciertamente su dinero representa su tiempo, su fuerza, sus talentos o sus habilidades, su herencia invertida. Cuando usted invierte su dinero, está invirtiendo una gran parte de sí mismo para bien o para mal. Espero que comience a ver cuán importante es tu dinero.

El apóstol Juan le dice al anciano Gayo, un amigo cristiano:

> "Amado, yo deseo que tú seas **prosperado en todas las cosas**, y que tengas salud, así como prospera tu alma."
>
> 3 Juan 2

La palabra clave en este texto es "prosperado." La palabra prosperado en el diccionario de la real academia española significa: **rico, poderoso**. "Poderoso" significa que tiene poder; muy rico colmado de bienes de fortuna. O sea que Juan deseaba que su amigo Gayo fuera rico, poderoso, pero no solo en sus finanzas sino en todas las áreas de su vida; no en una sí, y en otras no, si no **en todo**.

Este texto abarca las tres áreas de la vida del hombre: el cuerpo, que es su salud física; el alma, que es en su estado espiritual; su economía, que incluye sus necesidades materiales. En cada una de estas áreas la voluntad de Dios para ti es prosperada. Dios desea que usted tenga éxito en todas las áreas, incluyendo, con su dinero.

El fracaso, la derrota, la miseria y la pobreza no son la voluntad de Dios para el hombre. El enemigo del hombre, Satanás, se ha encargado de engañar al hombre diciéndole: "Tú naciste así, tú no lo vas a poder lograr, Dios no le gusta los ricos sino a los pobres, es malo tener mucho dinero, tienes que ser pobre para ir al cielo, tu no demuestras humildad si tienes mucho dinero, etc.", en fin un sinnúmero de cosas para mantener al hombre en la miseria, en la pobreza y que vaya de fracaso en fracaso. ¡Pero tú no naciste para estar así! Dios te creó para que fueras próspero en todo.

Cuando Dios creó al hombre ya Dios tenía propósitos con él. Lo puso a vivir en el huerto de Edén, que significa lugar de encanto, de deleite. Era un lugar que tenía atractivo físico, un ambiente de placer, y de comunión con Dios, allí podía el hombre disfrutar al estar en la presencia de Dios. Todo lo que Dios creó, es bueno, agradable y deleitoso. Satanás se ha encargado de tratar de dañar todo lo que Dios ha creado. Lo que pudo ser un paraíso terrenal para todos nosotros, un lugar de deleite y de encanto es el lugar donde el hombre solo puede conseguir deleite pero temporalmente. Pues Satanás con su astucia se ha encargado de robarles el gozo, la paz, la felicidad, la prosperidad económica y todas aquellas cosas para las cuales el hombre fue creado.

Dios extendió su Reino celestial a la Tierra para que el hombre lo disfrute con todos los beneficios del Cielo. El Reino de Dios tiene sus privilegios cuando eres parte de él. Cuando Dios puso al hombre en el huerto le dio unas directrices para que pudiera gozar de los privilegios del mismo. Quiero que usted entienda que cuando Dios creó al hombre pensó en usted y en mí, no piense que solo era más que para el disfrute de Adán y Eva. Cuando Dios lo creó lo bendijo, significa que lo colmo de bienes, con abundancia, y lo bendijo para hacerlo prosperar con todos los beneficios del Reino. ¿Qué tenía que hacer el hombre para ser prosperado en la Tierra?

> "Y los bendijo Dios, y les dijo: **Fructificad y multiplicaos**; llenad la tierra, y **sojuzgadla, y señoread** en los peces del mar, en las aves de los cielos, y en todas las bestias que se mueven sobre la tierra."
>
> Génesis 1:28

Lo primero que tenía que hacer el hombre era obedecer el mandato de Dios. Dios le dijo al hombre: **Fructificad**, significa producir utilidad. Si hablamos en términos económico significa que va a crear cosas o servicios con valor económico. Eso significa tener derecho de propiedad sobre cualquier cosa tangible o intangible que tiene valor económico, tales como monedas, billetes, depósitos bancarios, acciones, edificios, bonos, etc. En otras palabras, el hombre iba a comenzar a fabricar, elaborar cosas útiles de las cuales iba a tener su derecho de propiedad y de esa manera el hombre iba a ser prosperado, rico y poderoso. Es interesante, que además de engendrar, procrear, criar, también iba a manifestar a la vista aquellas cosas las cuales iban a ser útiles para ser próspero en la Tierra.

Dios le dio el hombre la capacidad de inventar, de elaborar, de negociar, de hacer dinero, cosas con las cuales el pudiera ser un hombre rico y poderoso. Además Dios lo bendijo, con el propósito de que prosperará. No sólo para que les pusiera nombre a los animales y los domara, sino para que fuera el ser más poderoso en la tierra. No tan sólo le dijo que fructificará, sino que lo mando a multiplicarse también. Le dijo: **Multiplícate**. Significa que aumente el número o la cantidad de cosas de la misma especie, tanto de seres humanos que procreará, como en todo lo que emprendiera. En otras palabras, que todo lo que hiciera, lo hiciera en grandes cantidades, sin límite. Dios no le puso límites al hombre, el hombre se ha puesto límite. Los límites que el hombre mismo se ha puesto le han traído como resultado estancamiento. El hombre no ha podido ver su prosperidad. El hombre puede ser rico y poderoso porque Dios lo creó con las capacidades, la inteligencia y el poder para hacerlo. La Biblia dice:

"Sino acuérdate de Jehová tu Dios, porque él te da el poder para hacer las riquezas, a fin de confirmar su pacto que juró a tus padres, como en este día."

Deuteronomio 8:18

Esto significa que tú puedes ser próspero sin importar en qué país del mundo vivas. Tú tienes la capacidad de hacer tu propio negocio a producir utilidad. No tienes que comenzar en grande, comienza con poco, Dios te ha bendecido para que seas prosperado. ¡Qué esperas! comienza a fructificar y a multiplicarte. Tú tienes el poder para hacer las riquezas. Tú naciste con la bendición de Dios para hacer grandes cosas por el periodo de tiempo que estés en esta Tierra. Está es tu oportunidad ¡aprovéchala! Así como dijo el Salmista:

"**Jehová cumplirá su propósito en mí**; Tu misericordia, oh Jehová, es para siempre; No desampares la obra de tus manos."

Salmo 138:5

Siempre recuerda las palabras de David: **¡Jehová cumplirá su propósito en mí!** Repítelas tantas veces sean necesarias, hasta que se hagan parte de todo tu ser. Todas aquellas cosas que Dios ha planificado para tu vida se cumplirán. ¡Créelo! Él no va a desamparar la obra de sus manos, las que ya ha comenzado trabajar en ti, para hacer de ti un hombre o una mujer poderosa en Dios. Tanto espiritual como material. ¡Tú naciste para ser próspero en todo!

Juan le dijo al anciano Gayo, su amigo, el cual amaba: "Yo deseo que seas prosperado" Juan sabía que el anciano Gayo tenía la capacidad para ser rico y poderoso. Sin importar la edad de este hombre. Para ser próspero no es cuestión de edad, **sino de tener deseos de vivir en la abundancia de Dios.** Lo que Dios quiere es que sus hijos sean prósperos mientras estén en la Tierra, que disfruten de buena salud, de Sus bendiciones, de Sus riquezas en la Tierra y que no tengan carencias. Nosotros tenemos al dueño del oro y la plata para qué seguir siendo empobrecidos.

Dios también mando al hombre a **sojuzgar** la Tierra; a tomar dominio, mandar con violencia sobre ella, no de una parte de ella, sino de toda la Tierra. Cuando Dios mando al hombre a sojuzgar la Tierra, él sabía que no se le iba a ser fácil al hombre, teniendo un enemigo en común, que andaba por los aires buscando como dañar y corromper la creación de Dios. La Biblia dice que el Reino de los cielos solo lo arrebatan los valientes, así que tenemos actuar con violencia sobre todo lo que Satanás nos ha querido robar, el Reino de los cielos es para valientes no para fracasados, es para todo aquel que quiera arrebatar las bendiciones que Dios tiene para sus hijos. Tenemos el mandato de parte de Dios de sojuzgar la Tierra. Satanás ha querido dominar la creación de Dios, gobernarla, pero la orden fue dada para el hombre no para él. Debemos de tomar dominio sobre todo aquello que Satanás nos ha quitado, como: la salvación, la salud, la paz, las finanzas, etc., y todo aquello que el Reino de Dios nos trajo para bendecirnos.

El texto nos habla de **señorear,** pero si nos fijamos bien no es al hombre, sino en los peces del mar, en las aves de los cielos, y en todas las bestias que se mueven sobre la tierra. El hombre tenía permiso de Dios de dominar o mandar sobre los animales de la creación para que fuera dueño y señor de ellos. No es que nos vayamos a enseñorear del hombre, pues Dios no autorizó al hombre a ser señor de él. El hombre ya tiene su señor y es Dios. Aunque otros han escogido a Satanás como señor. Sin embargo, a través de Jesucristo el hombre puede recuperar a su Señor. Hay una lucha más grande que pelear por el poder, y es recuperar todo lo que el diablo nos ha robado, todo lo bueno que Dios nos ha dado.

> "Porque no tenemos lucha contra sangre y carne, sino contra principados, contra potestades, contra los gobernadores de las tinieblas de este siglo, contra huestes espirituales de maldad en las regiones celestes."
>
> Efesios 6:12

El propósito de Dios para el hombre era que el hombre fuera fructífero en todo. Que el Reino de Dios se manifestara por medio del hombre en la Tierra. Un Reino es un territorio o estado con sus habitantes sujetos a un rey. Imagínese usted un Reino que tiene un rey, pero sin dinero, donde todos sus habitantes fueran unos pobrecitos. ¿Qué Reino es ese? Cómo ese Reino podría subsistir. En el plano natural un Reino que no tenga riquezas ni dinero no prevalece. Dios puso el hombre en la Tierra para que su Reino prevaleciera, no para que Satanás lo destruya con la miseria y la pobreza.

Si el mundo ve que los hijos de Dios viven constantemente agobiados por la pobreza, quien quiere pertenecer a Su Reino, por supuesto que nadie. Por eso es importante que hagamos una buena representación de Dios en la Tierra. Si usted está constantemente en la pobreza y en la miseria porque usted ignora la economía del Reino usted está diciendo que Dios también lo es, sin embargo eso no es lo que dice la Biblia.

En el libro de Hageo 2:8, Jehová de los ejércitos dijo: "Mía es la plata, y mío es el oro." Así que nuestro Dios no es pobre. No tenemos un rey pobre. ¿A qué padre no le gustaría darle lo mejor a sus hijos? El apóstol Pablo hablándole a los romanos les dijo:

> "Y si hijos, también herederos; herederos de Dios y coherederos con Cristo, si es que padecemos juntamente con el seamos glorificados."
>
> Romanos 8:17

También el apóstol Pablo le escribió a los que están en Éfeso y les dijo: "que los gentiles son coherederos y miembros del cuerpo, y copartícipes de la promesa en Cristo Jesús por medio del evangelio" (Efesios 3:6).

El apóstol Pablo le estaba diciendo que los gentiles, que somos tu y yo, por no ser judíos de nacimiento, que también tenemos el privilegio de ser herederos juntamente con Jesucristo por ser Hijo de Dios, y que también tenemos participación en las promesas de Cristo por medio del evangelio del Reino. Si nuestro Dios es rico y su Hijo también ¿Por qué tú y yo no lo podemos ser? Nosotros tenemos el evangelio del Reino que trae consigo prosperidad.

Jesús dijo: "Es necesario que también a otras ciudades anuncie el evangelio del Reino de Dios; porque para esto he sido enviado." (Lucas 4:43), y este es el mismo mensaje que tenía que ser predicado en todo el mundo (Mateo 24:14). El evangelio del Reino era para todos. ¡Arrebata lo que es tuyo!

> "Y Jesús, les dijo: Id, haced saber a Juan lo que habéis visto y oído: los ciegos ven, los cojos andan, los leprosos son limpiados, los sordos oyen, los muertos son resucitados, y **a los pobres les he anunciado el evangelio.**"
>
> Lucas 7:22

El mensaje del Reino es tan poderoso que puede cambiar la vida de cualquier hombre. El Reino trae sanidad, liberación, salvación sin importar el status o nivel económico o social de un individuo. Lo importante en este texto es que en ningún momento se excluyeron los pobres, al contrario, a los pobres es anunciado el Reino. Los ricos y los pobres pueden gozar de los mismos privilegios del Reino.

¿Cuál es la diferencia entre un pobre o un rico? La diferencia es **Dinero**, que uno tiene más que otro. El mensaje del Reino también traía consigo la prosperidad de un individuo, no tan solo en el cuerpo físico y en el alma, sino también en su economía, en sus finanzas. El pobre tenía el evangelio del Reino para ser prosperado. Pero si tú no cambias la mentalidad de que hay que ser pobre para estar en el evangelio del Reino nunca verás la prosperidad del mismo.

El apóstol Juan dijo que seamos prosperado en todo, si eres un hombre o una mujer que goza de buena salud física y tu alma ha sido prosperada porque está en ti el Espíritu Santo de Dios; pero tu economía no ha mejorado, no has visto cambios, sigues endeudado, pues ese es el área que tú necesitas prosperar. Es en el área de las finanzas. La palabra prosperidad significa: buena suerte o éxito en lo que se emprende, sucede u ocurre; y curso favorable de las cosas. Dios desea que te vaya bien en el camino que emprendas en el curso de tu vida, que tengas éxito en todo; es decir, tus esfuerzos, planes, propósitos, ministerios, familia, y otros, vayan de acuerdo a la voluntad y la dirección de Él. El recibir o aceptar el mensaje del Reino trae como resultado una vida de éxito en todo. El Reino es representado por Jesucristo. Si tú tienes a Jesucristo, tú tienes el Reino contigo y todos sus beneficios.

> "Preguntado por los fariseos, cuándo había de venir el Reino de Dios, les respondió y dijo: El Reino de Dios no vendrá con advertencia, ni dirán: Helo aquí, o helo allí; porque **he aquí el Reino de Dios está entre vosotros.**"
>
> Lucas 17:20-21

El Reino ya está entre nosotros, es la solución para el pobre porque lo saca de su escasez para entrar en lo abundante. Una persona rica es una persona adinerada, hacendada o acaudalada, abundante y opulenta. Y cuando hablamos de abundancia nos referimos a gran cantidad, prosperidad, riqueza o bienestar, es gozar de un gran bienestar económico. Los ricos ya tienen un gran bienestar económico y lo único que necesitan es salvación, sanidad, liberación tanto del cuerpo como del alma. El pobre puede obtener lo mismo que el rico a través del mensaje del Reino, sin embargo hay muchos que siguen siendo pobres económicamente. Por eso es importante lo que dijo el apóstol Pablo a los Romanos:

> "Así que, Hermanos, os ruego por las misericordias de Dios, que presentéis vuestro cuerpos en sacrificio vivo,

santo, agradable a Dios que es vuestro culto racional. No os conforméis a este siglo, sino transformaos por medio de la renovación de vuestro entendimiento, para que comprobéis cual asea la buena voluntad de Dios, agradable y perfecta."

Romanos 12:1-2

Para el pobre salir de su pobreza la primera cosa que debe hacer es darle al Señor no su dinero, sino darse a sí mismo. Si usted está ahora mismo en una condición de pobreza donde está usted endeudado que no puede pagar sus "cuentas" ni puede satisfacer sus necesidades esenciales como: comida, vestimenta, casa, **No** de su dinero a Dios, si no se ha dado primero a usted mismo. Debes comenzar contigo mismo. Tú puedes comprar todo lo que usted desea materialmente con su dinero pero **no** tu relación con Dios. Es para tu propio beneficio que Dios quiere que des, pero Él requiere que te des a ti primero. No queremos que usted mal interprete de que no de su dinero a Dios, es que es más importante que usted se de primero a Él, y luego dele de su dinero, porque el Reino lo necesita para llevar a cabo la obra de Dios en la Tierra.

Preséntese usted mismo y todo lo que es al Señor, como un sacrificio vivo sobre el altar de Su servicio. Entonces su mente comenzará a captar la plenitud de la provisión de Dios y el propósito para tu vida. Para usted conocer el propósito de Dios para su vida usted debe primero conocer la voluntad de Dios, y eso incluye la voluntad de Dios para su dinero, y es ofrecerse a sí mismo como un sacrificio vivo. Esto significa ponerte totalmente y sin reservas a la disposición de Dios para Su servicio. Al usted hacer esto, su mente es renovada por el Espíritu Santo y usted comienza a pensar de manera diferente. Hay un cambio de mentalidad. Al tener un cambio de mentalidad vas a comenzar a pensar de manera diferente, entonces puedes conocer la voluntad buena, agradable y perfecta de Dios. Así conocerás la voluntad de Dios para su economía, para tu dinero. Dejarás de pensar que eres un pobre y que naciste para serlo y que tal vez es la voluntad de Dios que esté así.

El apóstol Pablo continua diciendo: "que no os conforméis a este siglo, sino transformaos por medio la renovación de vuestro entendimiento." Miren lo importante de ser **transformados** por medio de la **renovación** del entendimiento, que el apóstol Pablo utiliza dos palabras sumamente importantes, que son la palabra **renovar,** que significa: sustituir una cosa vieja, o que ya ha servido, por otra nueva de la misma clase. Y la palabra **transformar,** que significa: hacer cambiar de forma a alguien o algo, transmutar (mudar) algo en otra cosa.

Lo que el apóstol Pablo nos está diciendo es que cuando nos damos nosotros mismos a Dios en sacrificio vivo y nos ponemos sobre Su altar estamos siendo transformados, ya no vamos hacer los mismos, nuestros viejos pensamientos van hacer transformados por unos nuevos. Vamos ser lo que Dios quiere que seamos y hacer lo que Dios quiere que hagamos, porque en ese altar se van a quemar todas aquellas cosas que nos impiden, y no nos dejan, ser aptos, agradables, santos para Dios. En ese altar vamos a ser transmutados en otra cosa, en los hijos que Dios quiere que seamos, porque nuestra mente va a ser renovada o sea, nuestros pensamientos van hacer substituido por nuevos pensamientos. Aquellos pensamientos viejos que no nos dejaban crecer, aquellos pensamientos de pobreza, de miseria, de avaricia de fracasados van a ser cambiados por pensamientos totalmente nuevos, pensamientos de generosidad, de riquezas, de felicidad, de éxito, de victoria, de gozo, etc. El apóstol Pablo le dijo a los Filipenses:

"Por lo demás, hermanos, **todo lo que es verdadero**, todo lo honesto, todo lo justo, todo lo puro, todo lo amable, todo lo que es de buen nombre; si hay virtud alguna, si algo digno de alabanza, en esto pensad."

Filipenses 4:8

Usted tiene la responsabilidad de controlar su vida de pensamientos. Pablo en este texto nos señala en qué realmente debemos de pensar, en resumen, en todo lo que es verdadero, todo lo que es digno de virtud. La prosperidad y las riquezas del Reino son verdaderas. Simplemente piensa que por ser hijo de Dios, ya te las ganaste por herencia. Además, teniendo una renovación de pensamiento vas a tener la mente de Cristo.

> "Porque ¿Quién conoció la mente del Señor? ¿Quién le instruirá? Mas nosotros tenemos la mente de Cristo."
>
> 1Corintios 2:16

La mente de Cristo era fija y determinada en hacer la voluntad de Dios. Usted tiene la opción de tener la mente de Cristo. Usted debe permitir que la transformación de la mente suceda. Usted tiene una responsabilidad en el desarrollo de la mente transformada. Una renovación de pensamiento nos pone al nivel de tener la mente de Cristo. Sólo el Espíritu Santo de Dios que conoce a Cristo el cual mora dentro de nosotros nos permite llegar al nivel de tener la mente de Cristo. Una vez que nos hayamos dado nosotros mismos a Dios, demos de nuestro dinero o cualquier don que podamos ofrecer a Dios nos completa y establece la justicia de Dios sobre nosotros. Nos hace merecedores de sus riquezas. Pablo le cita a la iglesia de Corinto:

> "Y poderoso es Dios para hacer que abunde en vosotros toda gracia, a fin de que, **teniendo siempre en todas las cosas todo lo suficiente**, abundéis para toda buena obra; como está escrito: Repartió, dio a los pobres; su justicia permanece para siempre. Y el que da semilla al que siembra, y pan al que come, proveerá y multiplicará vuestra sementera, y aumentara los frutos de vuestra justicia, **para que estéis enriquecidos en todo** para toda liberalidad,

la cual produce por medio de nosotros acción de gracias a Dios."

2 Corintios 9:8-10

La gracia vino sólo a través de Jesucristo. Es hecha accesible solo a través del poder de su resurrección. De la resurrección de Jesús ha surgido la gracia y ha sido puesta a disposición del género humano. Esto es cierto también en el área de la economía. Lo que Jesús hizo en la cruz hizo provisión para nuestra prosperidad.

El texto nos enseña que el justo primero se da a sí mismo a Dios, y luego da con liberalidad a otros. Se dice de él: "Su justicia permanece para siempre." La dádiva de su dinero (su liberalidad, su generosidad) lo establece a usted para siempre en la justicia de Dios. La justicia de Dios hace que abunde en ti todo lo suficiente en todas las cosas, lo suficiente para que hagas toda buena obra. Si usted tiene todo lo que necesita en todas las cosas para abundar en toda buena obra, no hay lugar alguno en su vida para que una necesidad no sea suplida. Significa que usted no va a pasar escasez, y los que están con usted tampoco. Si por fe nos apropiamos de su gracia, entonces la norma de su provisión es la abundancia. Tendremos más que suficiente para todas nuestras necesidades y para toda buena obra. El propósito final de la abundancia es "toda buena obra." No es para ser egoístas, sino para tener la capacidad económica de hacer buenas obras; darle a los pobres, a los más necesitado.

> "Porque si primero hay la voluntad dispuesta, será acepta según lo que uno tiene, no según lo que no tiene. Porque no digo esto para que haya para otros holgura, y para vosotros estrechez, sino para que en este tiempo, con igualdad, la abundancia vuestra supla la escasez de ellos, para que también la abundancia de ellos supla la necesidad vuestra, para que haya igualdad, como está escrito: El que recogió mucho, no tuvo más, y el que poco, no tuvo menos."
>
> 2 Corintios 8:12-15

Si realmente hay en nosotros el deseo de dar, como dijo el apóstol Pablo debemos tener "la voluntad dispuesta." Cuando uno tiene la voluntad dispuesta eso le permite al Espíritu de Dios hablar a tu corazón y tú puedes ver la necesidad de otros y sembrar donde el Espíritu de Dios te dirija. El Espíritu de Dios no te va a pedir algo que tú no tengas. Uno da según lo que uno tiene, nadie pueda dar lo que no tiene. Dios no te exige que des de lo que no tienes. Pero de lo que tienes dale a aquellos que están en necesidad para que tu abundancia supla la de ellos. No cierres tu corazón. Se sensible al Espíritu.

La Biblia dice que Dios honra al que tenga misericordia del pobre: "El que oprime al pobre afrenta a su Hacedor; Mas el que tiene misericordia del pobre, lo honra" (Proverbios 14:31). Demostramos misericordia con el pobre cuando le damos. Eso incluye de nuestro dinero para ayudar a suplir sus necesidades.

"A Jehová presta el que da al pobre, Y el bien que ha hecho, se lo volverá a pagar" (Proverbios 19:17). Cuando le damos al pobre no perdemos, al contrario, le prestamos a Dios, y Él nos da su palabra de que nos volverá a pagar, en el Reino de Dios no hay pérdidas, todo es ganancia.

El Apóstol Pablo dijo algo importante: "Y poderoso es Dios para hacer que abunde en vosotros toda gracia." Lo que nosotros recibimos lo recibimos por su gracia. Observemos este texto:

> "Porque ya conocéis la gracia de nuestro Señor Jesucristo, que por amor a vosotros se hizo pobre, siendo rico, **para que vosotros con su pobreza fueseis enriquecidos.**"
>
> 2 Corintios 8:9

La gracia se manifiesta en este texto en un intercambio. Jesús era rico, pero llegó a ser pobre por su gracia a fin de que nosotros, mediante su gracia, siendo pobres, llegásemos a ser ricos con sus riquezas. Jesús quebrantó la maldición de la pobreza, para que a cambio, por su gracia, recibiéramos las riquezas del Reino de Dios. La gracia viene a través de Jesucristo y a través del poder de la resurrección. La gracia se recibe sólo por la fe, la esencia misma de la gracia es que no puede ser ganada. No hay nada que podamos hacer para merecer la gracia de Dios. El apóstol Pablo dijo:

"Porque por gracia sois salvos por medio de la fe; y esto no de vosotros, pues es don de Dios; **no por obras, para que nadie se gloríe.**"

Efesios 2:8-9

La fe es la única manera en que podemos apropiarnos de la gracia de Dios. La fe que se apropia de la gracia de Dios obra por el amor. Pablo dijo: "porque en Cristo Jesús ni la circuncisión vale algo, ni la incircuncisión, sino la fe que obra por el amor" (Gálatas 5:6). La manera correcta de dar es a través de la gracia, porque la gracia es recibida a través de Jesús, por el poder de su resurrección, por fe, que obra por el amor. Usted debe responder a este mensaje por fe. La fe sin obra es muerta. ¿Cómo actuamos en fe? Damos primero antes de recibir. La mente que no es renovada dice: "yo no puedo dar porque no tengo con qué. La fe dice: "Yo voy a dar aunque no tengo mucho para dar." Jesús dijo:

"Dad, y se os dará; medida buena, apretada, remecida y rebosando darán en vuestro regazo; porque con la misma medida con que medís, os volverán a medir."

Lucas 6:38

¿Qué es lo que debemos hacer primero? **Dar.** "Dad y se os dará" Damos a Dios primero, y Dios hace que los hombres nos den a nosotros. Ese es el control de Dios sobre la economía. Luego Jesús dijo: "con la misma medida con que medís, os volverán a medir." Jesús les estaba diciendo: si tú quieres recibir abundantemente tienes que dar abundantemente, porque con la misma medida que tú mides así vas a ser medido. Usted tiene la llave a su prosperidad económica en sus manos. Es la llave de la fe, que responde a la gracia de Dios. Usted puede comenzar a dar ya. Usted puede establecer la proporción en la que quiere recibir, porque la proporción en que da, determina la proporción en que recibe. Puede comenzar actuar en fe, creyendo que su economía va aumentar y que usted va a ser próspero, rico, poderoso. Usted no tiene que tener miedo de dar. Jesús te prometió una medida buena, apretada, remecida y rebosando. Dios se va a desbordar en darte. Vas a tener hasta que se desborden tus bolsillos, vas a tener más que suficiente.

En Hechos 20:35 el apóstol Pablo hace una mención de lo que Jesús dijo: "En todo os he enseñado que, trabajando así, se debe ayudar a los necesitados, y recordar las palabras del Señor Jesús, que dijo: **Más bienaventurado es dar que recibir.**"

Recibir tiene una bendición, pero dar tiene una bendición más grande, mayor. Dios pone su abundancia en nuestras manos en nuestra disposición para que no nos limitemos a la bendición de recibir, sino que disfrutemos de la mayor bendición que es el dar. Si desea esta clase de abundancia, apretada, remecida y rebosando que viene por gracia, entonces debes actuar en fe y eso significa que debes dar primero. Usted puede creer todo lo que le estoy diciendo pero si no le añade acción a su fe, no va a ver nada. Debes actuar en fe. ¡Comience a dar!

2

El Principio de la Generosidad

La gente piensa que el dinero es algo malo, que es la raíz de todos los males. Dios nunca dijo que el dinero es la raíz de todos los males; veamos lo que dice Dios por medio de las Sagradas Escrituras:

> "Porque raíz de todos los males es el amor al dinero, el cual codiciando algunos, se extraviaron de la fe, y fueron traspasados de muchos dolores."
>
> 1 Timoteo 6:10

Este texto nos revela que el amor al dinero es la raíz de todos los males, pero no el dinero en sí. Y que la codicia de este dinero los llevó a perder la fe y se extraviaron. Entonces no es el dinero en sí, sino el codiciarlo. El pecado de la codicia no está sólo en aquellos que tienen mucho dinero, sino también en los que no lo tienen. Salomón dijo: "El que ama el dinero, no se saciará de dinero; y el que ama el mucho tener, no sacará fruto. También esto es vanidad" (Eclesiastés 5:10).

¿Cómo puede ser malo algo del cual Dios es el dueño? "Mía es la plata, y mío es el oro, dice Jehová de los ejércitos" (Hageo 2:8). La Biblia nos enseña que Dios es el dueño de todo. "Ahora, pues, si diereis oído a mi voz, y guardareis mi pacto, vosotros seréis mi especial tesoro sobre todos los pueblos; **porque mía es toda la tierra.**" (Éxodo 19:5). Jehová continua diciendo: "**La tierra no se venderá a perpetuidad, porque la tierra mía es**; pues vosotros forasteros y extranjeros sois para conmigo" (Levítico 25:23). Dios es el dueño de la tierra donde vivimos y nosotros somos como forasteros en ella. Dios nos ha colocado en esta tierra para bendecirnos no para adueñarnos de ella, porque Él es su único dueño. Nosotros no somos nada sin Él. Le ofrendamos a Dios porque todas las riquezas son de Él, y porque lo que tenemos en el área económica no es nuestro, sino de Dios. Sólo somos mayordomos de las riquezas que Dios nos da para que las usemos mientras vivamos en la Tierra, y le demos la gloria a Dios por ellas. A veces nos preguntamos por qué siendo Dios tan bueno, todavía existe gente en la miseria y en la pobreza ¿Por qué es que la gente no prospera? Porque viven y actúan –en cuanto a la economía- en contra de los principios bíblicos. No son generosos. No creen que hay prosperidad en el Reino.

Observe lo que dice la Biblia en cuanto al principio de la generosidad: "El alma generosa será prosperada; y el que saciare, él también será saciado" (Proverbios 11:25).

El requisito primordial para alcanzar la prosperidad financiera, es que el hombre alcance el grado de ser "generoso". Todo aquel que tiene un pacto con Dios y que logra el grado de generosidad, no llegará jamás a la pobreza. Nadie podrá empobrecerlo.

¿Qué significa la palabra generoso? Generoso es: liberal; dadivoso; desprendido. El que es generoso, es así con todos: lo es con la familia, incluso con sus amigos y, por ende, con Dios. No se puede ser generoso parcialmente, con unos sí y con otros no.

El ser generoso es un atributo de Dios, y los hijos de Dios tienen que tener la misma actitud en cuanto al dar, en cuanto al atributo de la generosidad. El enemigo del hombre ha trabajado para poner en los hijos de Dios, la mezquindad, la avaricia, el egoísmo, y que así dejen de ser iguales a Dios en este atributo que refleja la imagen de Dios; sabemos que los hijos se asemejan a su padres.

El generoso da más de lo que se le pide, porque es desprendido. Da con liberalidad. El generoso sirve a Dios con abundancia, en todas las áreas de su vida es así. No mide estrechamente, no busca sólo su propio bien ¡él es así, generoso! El generoso da más de lo que la ley de Dios le dice. ¿Por qué el generoso es así?

> "Pero el generoso pensará generosidades, y por generosidades será exaltado."
>
> Isaías 32:8

El generoso es así, porque sus pensamientos, son pensamientos de generosidad. Sólo se puede ser generoso cuando tenemos la mente de Cristo. Cuando tenemos el atributo de Dios en nosotros. Cuando hemos dejado que nuestros pensamientos sean transformados y renovados por su Palabra y por el poder de su Santo Espíritu.

Hay un principio universal que es la ley de la siembra y de la cosecha, esta ley funciona en todos los aspectos de la vida del hombre. La Biblia expresa con mucha claridad que este principio universal también se aplica a la economía del Reino de Dios. En el caso de la generosidad, si usted siembra generosamente cosechará generosamente también.

> "Pero esto digo: El que siembra escasamente, también segará escasamente; y el que siembra generosamente, generosamente también segará."
>
> 2 Corintios 9:6

El apóstol Pablo usa la figura metafórica de la siembra y la cosecha para ilustrar cómo los hijos de Dios deben dar a Dios, y si le dan a Él, le están dando al Reino de Dios. Cuando pensamos en dar como en el sembrar, entendemos que estamos esperando un aumento de nuestra dádiva, pero sólo en la proporción con que sembramos. Por ejemplo, si usted siembra una fanega de trigo; al tiempo de la cosecha, su siembra de trigo produce una cosecha en proporción a lo que usted sembró. En otras palabras, la cosecha es determinada por la cantidad de semilla sembrada originalmente. Pablo lo compara con lo mismo que hace un agricultor cuando siembra. Él dice que lo mismo puede decirse del dinero que se le da a Dios para su Reino. Cuando hablamos de la ley bíblica, la proporción bíblica es ciento por uno. El grado de tu generosidad con que das determina el tamaño proporcional de la retribución que recibirás.

Tenemos el ejemplo bíblico de la siembra de Isaac. La Biblia dice: "Y sembró Isaac en aquella tierra, y cosechó aquel año **ciento por uno**; y le bendijo Jehová" (Génesis 26:12).

Ahora tenemos un sembrador que salió a sembrar: "Y otra parte cayó en buena tierra, y nació y llevó fruto a **ciento por uno**" (Lucas 8:8).

"Pero las otras semillas cayeron en buen terreno, en el que se dio una cosecha que rindió **treinta, sesenta y hasta cien veces más** de lo que se había sembrado" (Mateo 13:8).

¿Qué pasa con los que siembran y no ven su cosecha? Hay muchos cristianos que se preguntan por qué Dios no bendice su economía, sus finanzas. Es que arrojan su siembra sin cuidado ni oración, en lugares donde nunca lograrán un aumento. Antes de arrojar tu semilla, tu dinero, debes escoger una buena tierra, una tierra fértil. Debes de asegurarte que el terreno esté debidamente preparado para recibir tu semilla y que las plantas reciban el cuidado que requieren durante el proceso de crecimiento. Esto no significa que tengamos que ser tacaños o mezquinos para probar si es buena tierra. Pero antes de usted dar en un ministerio, una iglesia u organización, usted tiene el deber de cerciorarse que es un ministerio ungido y fructífero que esté llevando el verdadero fruto para el Reino de Dios. También debemos de observar si ese ministerio es un buen mayordomo y fiel con el dinero. Además, si está a tono con las Escrituras, si están en obediencia con los principios bíblicos. Esto es muy importante porque Dios bendice lo que está de acuerdo con su Palabra.

Antes de dar, ore primero. Aprenda a dar con oración, en una manera bíblica, y con la dirección del Espíritu Santo. Evite dar llevado por el impulso y la emoción. Hay personas, organizaciones sin fines de lucro, ministerios que andan explotando deliberadamente al pueblo de Dios para obtener dinero. Hay muchos cristianos que son generosos pero muy impulsivos y dan bajo la emoción y no podemos permitirnos que el dinero del Reino se desperdicie. Así que no podemos apoyar ningún ministerio que no esté haciendo buen uso del dinero del Reino. Mientras usted siembre sabiamente usted verá como Dios vendrá en su ayuda y usted se extenderá y aumentará su fe de manera que usted continúe sembrando. El apóstol Pablo dijo: No nos cansemos, pues, de hacer bien [y eso incluye hacer bien con nuestro dinero]; porque a su tiempo segaremos, si no desmayamos" (Gálatas 6:9).

La cosecha de tu generosidad no depende de los hombres, al contrario, es el mismo Dios el que te hará cosechar por tener en ti el atributo de ser generoso. Debemos de esperar hasta el tiempo señalado por Dios para la cosecha. Ese tiempo llegará si no desmayamos. Pero si nos impacientamos, perdemos nuestra fe o nos apartamos de estos principios, entonces Dios no garantiza la cosecha.

El verdadero creyente tiene que ser ejemplo de generosidad. Lo que hay que hacer es poner en práctica la Palabra de Dios, hasta retomar la imagen que perdió el hombre de Dios, y eso es más que ser un religioso. Este atributo del cual estamos hablando debe permanecer en nosotros, y debemos ser generosos no importando la posición que ocupes en el Reino de Dios.

La humildad de un hombre no es la pobreza, todo lo contrario, la verdadera humildad es reconocer que todo lo que recibimos viene de Dios, y que es el dueño de todo. Que nosotros no tenemos nada sin él. Todo lo que tenemos es por su gracia. Por lo tanto, si el hombre ha logrado ser generoso es porque ha recibido el Espíritu de Dios que gobierna su vida y hace resaltar su generosidad en él. Lo que debemos es aprender a vivir y actuar en fe en todas las áreas de nuestra vida, incluyendo nuestro dinero.

En el capítulo 8 y 9 de 2a Corintios, Se encuentra la enseñanza más completa con respecto al principio de la generosidad. El apóstol Pablo establece ahí los principios y las promesas importantes del ofrendar, y por lo cual la iglesia del Nuevo Testamento y de todos los tiempos regirá sus pautas con respecto a las ofrendas de los creyentes.

> "Asimismo, hermanos, os hacemos saber la gracia de Dios que se ha dado a las iglesias de Macedonia; que en grande prueba de tribulación, la abundancia de su gozo y **su profunda pobreza abundaron en riquezas de su generosidad.** Pues doy testimonio de que con agrado han dado conforme a sus fuerzas, y aún más allá de sus fuerzas, pidiéndonos con muchos ruegos que les concediésemos el privilegio de participar en este servicio para los santos. Y no como lo esperábamos, sino que a sí mismos se dieron primeramente al Señor, y luego a nosotros por la voluntad de Dios."
>
> 2 Corintios 8:1-5

Lo más interesante de esta porción bíblica es que ellos siendo pobres, teniendo estrechez económica, dieron. Su estrechez no fue un obstáculo para ellos darle a Dios. No hay excusa para no dar. No es tu pobreza, no es tu escasez es que no has tenido una renovación de pensamientos. Ellos dieron en su pobreza hasta que se dieron ellos mismos. Dieron conforme a sus fuerzas y más allá de sus fuerzas. Significa que trabajaron hasta horas extras porque sus mentes habían sido renovadas. No trabajaron horas extras para beneficio de ellos, de su familia sino para sembrar en el Reino de Dios. Cuando tú le das a un ministro o a un ministerio tú estás sembrando en el Reino. Estás siendo partícipe con tu dinero de la extensión del Reino de Dios en la Tierra.

Ellos pidieron con muchos ruegos que les concedieran el privilegio de participar en este servicio para los santos. Para ellos el darle a Dios es un privilegio. Y dieron no como lo esperaban. "Y hasta hicieron más de lo que esperábamos." El apóstol Pablo estaba maravillado del crecimiento de esta iglesia en cuanto a darle a Dios las ofrendas, dice: "Pues se ofrendaron a sí mismos." No sólo dieron lo que tenían para Dios en el área económica, sino que ellos mismos se dieron al Señor. Cuando alguien ofrenda al Señor, no sólo da dinero, sino que se da a sí mismo.

"Primero al Señor y luego a nosotros, conforme a la voluntad de Dios." Se dieron al Señor – cuando dieron la ofrenda– y luego a los apóstoles, aclara Pablo: "Conforme a la voluntad de Dios." Es la voluntad de Dios que cada uno de nosotros le entreguemos las ofrendas económicas y que, a la vez, el mismo se entregue a Dios y luego entregándose a los apóstoles y ministros de Dios. Cuando uno es generoso, ¡es generoso! y de ninguna manera puede ser mezquino. O se es mezquino o se es generoso, y eso se demuestra con la actitud que tengas al ofrendar.

Y aunque ellos se habían entregado totalmente, el apóstol dice en 1 Corintios 8: 6 "Por eso hemos rogado a Tito que recoja entre ustedes esta bondadosa colecta [ofrenda] que él comenzó antes a recoger." El apóstol entiende que lo que se estaba recolectando eran ofrendas para el Señor, y no le importó que hayan entregado todo, sino que le dice a Tito: "Dale, termina de recolectar lo que empezaste, porque lo que haces lo haces para Dios, y Dios no es deudor de nadie. Lo que ellos siembren eso van a cosechar y en definitiva, toda la plata y el oro es de Dios."

Entonces, ¿Cuál es el problema que no somos prósperos?

"Hay quienes reparten, y les es añadido más; y hay quienes retienen más de lo que es justo, **pero vienen a pobreza**" (Proverbios 11:24).

Cuando leemos este mismo versículo en la Nueva versión Internacional dice: "Unos dan a manos llenas, y reciben más de lo que dan; otros ni sus deudas pagan, **y acaban en la miseria** (Proverbios 11:24 NIV). Este texto nos señala que la pobreza viene como resultado de retener lo que no debe ser retenido. Cuando usted suspende del todo o en parte lo que usted le da a Dios de ofrendas, entonces lo que viene para ti es pobreza y miseria. Entonces la pobreza es consecuencia del pecado, nunca de humildad. Usted debe dejar que su alma prospere siendo generoso, y esa generosidad se demuestra cuando comenzamos a repartir adecuadamente lo que nos toca repartir sin retener lo que es de Dios.

El apóstol Pablo nos indica que cuando practicamos el principio de la generosidad, cuando damos nuestras ofrendas a Dios, y las traemos al lugar donde nos congregamos no sólo suple a los santos, a los ministros de Dios, a los pastores, a todos aquellos que son hijos de Dios que trabajan para el bien del Reino, sino que también suple aquellos que son cristianos que están en una necesidad de nuestra generosidad. Todos ellos se benefician cuando practicamos este principio, que es a través de las ofrendas que damos. Nuestra contribución económica, que es nuestro dinero, nos permite hacer buenas obras para que abunde en muchas acciones de gracia que glorifican a Dios. Nuestra generosidad nos permite poner en alto el nombre de Cristo y el evangelio del Reino.

> "Porque la ministración de este servicio no solamente suple lo que a los santos falta, sino que también abunda en muchas acciones de gracias a Dios; pues por la experiencia de esta ministración glorifican a Dios por la obediencia que profesáis al evangelio de Cristo, y por la liberalidad de vuestra contribución para ellos y para todos; asimismo en la oración de ellos por vosotros, a quienes aman a causa de la superabundante gracia de Dios en vosotros."
>
> 2 Corintios 9: 12-14

Recuerde que lo contrario a ser generoso es ser mezquino. Por qué nuestro enemigo, la carne, el sistema del mundo, no quieren que seamos generosos. Cuando una persona es avariciosa lo manifiesta en su mezquindad. ¿Qué es una persona avariciosa? La palabra avariento da la figura de uno que reserva, oculta o escatima algo, que es mezquino. El mezquino oculta o escatima lo que tiene y lo que podría compartir, no es generoso, ni dadivoso, ni liberal para dar, aun sabiendo que el dador será recompensado por Dios. Cuando lo que siembra, es el mismo Dios quien le permitirá cosechar y multiplicado. No dejes que la avaricia, la falta de fe, impida que usted se asemeje a Dios en el ser generoso. Recuerde, que el generoso es el que será prosperado.

3

El Principio de las Ofrendas

Dios quiere que veamos nuestro dinero como algo santo que ofrecemos en adoración a Él, y que sin esta ofrenda nuestra adoración estaría incompleta. Cuando ofrendamos a Dios estamos adorándolo con nuestro dinero reconociendo que todo le pertenece a Él. La adoración provoca presencia de Dios. Trae: gozo, paz, descanso, seguridad. Nos trae liberación de aquellas cosas que nos hace inefectivos en la vida. Cambia las circunstancias y nos da victoria sobre Satanás.

A través de toda la Escritura podemos ver las ofrendas como parte de la adoración a Dios. El más documentado de los casos es cuando Israel estaba siendo formado como un pueblo de Dios en el desierto, se le exigió que su adoración comenzara con una ofrenda. Como ya hemos citado en los capítulos anteriores, "no te puedes acercar a adorar a Dios con las manos vacías", pues esa es la manera que Dios ha establecido para comenzar nuestra adoración o sea el culto a nuestro Dios. Una vez entiendas este principio y lo practiques sabrás siempre como acercarte a la presencia de Dios, lugar donde siempre hay recompensa para los que se acercan.

"..... Porque es necesario que el que se acerca a Dios crea el existe y que recompensa a los que le buscan"
Hebreos: 11:6 b) DHH

En la adoración a Dios hay dos aspectos muy importantes: número uno, tiene que haber una actitud física, esto implicaba inclinarse, gritar llorar, cantar, etc.; número dos, tiene que haber una actitud humana de arrepentimiento, agradecimiento, gozo y de insuficiencia. Pero hay una acción del creyente en la adoración que involucran a ambos aspectos, esta es la ofrenda. Esta requiere una actitud de desprendimiento (de lo material), de aceptación, agradecimiento y de sacrificio (tiene que costar). También es necesaria que esta ofrenda sea traída al altar por el adorador, esto conlleva una acción física de separar de antemano y transportar la ofrenda hasta el altar donde le rindes culto a Dios.

Por medio de nuestras ofrendas las cuales tienen que ser de un corazón sincero que agrade a Dios pueden provocar en nosotros un avivamiento espiritual, el cual elevará nuestra adoración a otro nivel; provocará en nosotros un espíritu de adoración en nuestras vidas. Este es el gran reto de la iglesia de todos los tiempos. Hacer del acto de ofrendar un acto de adoración. Cuando le damos a Dios toda reverencia y adoración provocamos una manifestación sobrenatural. La adoración es la respuesta a la alabanza del creyente, es el envolvimiento o intervención del Espíritu Santo en el culto a Dios.

La Adoración trae como resultado la lluvia del Señor (Zac 10:1; Sal 65:9; Dt 11:10-11; Job 36:27-29). La adoración trae el río del Espíritu Santo (Ez 47:1-8; Joel 3:18; Sal 105:41; Jn 7:37-39; Sal 46:4). La adoración trae la presencia de Dios (Sal 22:3; Ex 29:41-46; 2 Cr 5:13-14; Sof 3:17). La adoración trae el espíritu profético (2 R 3:11-27). La adoración trae la canción del Señor (2 Cr 29-27; Col 3:16; Ef 5:19). La adoración trae el Poder de Dios (2 Cr 20:21-22; Hch 16:19-34). La adoración trae victoria en los espíritus derrotados (Is 61:3; 42:3, Sal 25:1; Sal 86:4).

Dios estableció unos principios para el cual el hombre se rigiera. Esos principios Dios los estableció para guiarnos a la vida eterna. Todos los principios de Dios son inamovibles. No importa el tiempo que pase, ellos no cambian. Cuando cambiamos los principios de Dios, pecamos y ofendemos a Dios, y cuando entramos en pecado, entramos en desgracia, y cuando entramos en desgracia nos apartamos de Él.

Este principio de las ofrendas es uno de las razones por lo cual muchos no son aceptados ante Dios. La ignorancia de este principio de las ofrendas es una de las razones por la cual muchos creyentes no son bien aceptados ante Dios. Es por esta razón que su estudio es de gran importancia. Pues vemos muchos creyentes llegar hasta el templo y no sentir que son aceptados por Dios, por la razón de no presentarse a Él de la manera correcta.

¿Qué es una ofrenda? Dádiva o servicio en muestra de gratitud o amor. El término "ofrenda" en hebreo *"corban"* se relaciona con el verbo que significa "acercar". Por lo tanto, una ofrenda era una dádiva que el creyente israelita acercaba a Dios a fin de que el mismo pudiera acercarse a Dios y disfrutar de su comunión y bendición. Dios había establecido las ofrendas como un principio para el hombre acercarse a Él, y nadie se podía presentar ante Él con las manos vacías.

La Biblia menciona una amplia variedad de ofrendas que el pueblo de Dios le podía dar a Dios. El libro de Levíticos, en los capítulos del 2 al 7 son mencionadas seis clases de ofrendas: holocaustos, sacrificios, ofrendas elevadas, votos, ofrendas voluntarias, el primogénito de las vacas y de las ovejas.

> "Y allí llevaréis vuestros holocaustos, vuestros sacrificios, vuestros diezmos, y la ofrenda elevada de vuestras manos, vuestros votos, vuestras ofrendas voluntarias, y las primicias de vuestras vacas y de vuestras ovejas."
>
> Deuteronomio 12:6

Pero no ofrendamos nuestros diezmos, simplemente devolvemos a Dios lo que es su porción según la Biblia. Además de las ofrendas, la Biblia también menciona las "limosnas" o lo que conocemos como obras de caridad. Esto no es lo que damos a Dios, sino lo que damos a los necesitados, los pobres y los afligidos.

Quiero hacer una nota aclaratoria: A los pobres la Biblia manda que se les dé, pero nosotros no sembramos en ellos, porque usted no quiere cosechar pobreza. Recuerde, lo que usted siembra eso cosecha. Al pobre usted le da y Dios le volverá a pagar. Usted siembra en terreno fértil donde usted espera cosechar. La Biblia habla mucho más acerca de darles a los pobres. Jesús dijo:

> "No temáis, manada pequeña, porque a vuestro Padre le ha placido daros el Reino. Vended lo que poseéis, y dad limosna; haceos bolsas que no se envejezcan, tesoro en los cielos que no se agote, donde ladrón no llega, ni polilla destruye. Porque donde está vuestro tesoro, allí estará también vuestro corazón."
>
> Lucas 12:32-34

Jesús nos dijo que donde uno pone su dinero es donde está su corazón. Uno no puede tener su dinero en un lugar y su corazón en otro. Jesús nos dice que actuemos como hijos de un rey. Vuestro Padre nos ha dado un Reino, así que podemos darnos el lujo de ser generosos, dar nuestras ofrendas. Cuando le damos a los pobres estamos atesorando para nosotros en el cielo, estamos asegurando nuestro futuro económico. La Biblia dice:

> "Echa tu pan sobre las aguas; porque después de muchos días lo hallarás. Reparte a siete, y aun a ocho; porque no sabes el mal que vendrá sobre la tierra."
> Eclesiastés 11:1-2

La Palabra del Señor nos manda a repartir a siete, ese es nuestro deber como hijos de Dios, y a ocho, va más allá de nuestro deber, porque no sabes el mal que vendrá sobre la tierra. Si usted hace lo que Dios dice con su dinero, Dios le va a cuidar en el tiempo malo, en el día del desastre. Esa es nuestra garantía de parte de Dios, dar nos asegura estar bien cuando vengan los tiempos malos.

Cuando leemos en el Antiguo Testamento Dios estableció la regla de que todo varón de entre los hijos de Israel subiera a Jerusalén tres veces en el año. Ellos ofrecerían adoración y celebrarían fiesta a Dios delante del templo. Esto era parte de la ordenanza de Dios para la adoración y celebración en el templo.

> "Tres veces en el año me celebraréis fiesta. La fiesta de los panes sin levadura guardarás. Siete días comerás los panes sin levadura, como yo te mandé, en el tiempo del mes de Abib, porque en él saliste de

Egipto; y ninguno se presentará delante de mí con las manos vacías."

Éxodo 23:14-15

"Tres veces cada año aparecerá todo varón tuyo delante de Jehová tu Dios en el lugar que él escogiere: en la fiesta solemne de los panes sin levadura, en la fiesta solemne de las semanas, y en la fiesta solemne de los tabernáculos. Y ninguno se presentará delante de Jehová con las manos vacías; cada uno con la ofrenda de su mano, conforme a la bendición que Jehová tu Dios te hubiere dado."

Deuteronomio 16:16-17

Estos dos textos nos enseñan que ya Dios había establecido un principio con relación a las ofrendas. Israel tenía que subir en el tiempo señalado por Dios y en la manera señalada por Dios, y ningún israelita se habría de presentar delante de Él con las manos vacías. Dios mandaba que cada vez que se presentaran los hombres ante Él, debían de hacerlo con ofrendas. Cada uno debía presentar una ofrenda en su mano como parte de la celebración y de la adoración a Dios. El mismo apóstol Pablo acostumbraba cada vez que regresaba a Jerusalén a presentarse con ofrendas al Señor. "Pero pasados algunos años, vine a hacer limosnas a mi nación y presentar ofrendas" (Hechos 24:17).

El salmista dijo a todo el pueblo de Dios:

"Dad a Jehová la honra debida a su nombre; Traed ofrendas, y venid a sus atrios. Adorad a Jehová en la hermosura de la santidad; Temed delante de él, toda la tierra."

Salmo 96:8-9

Este pasaje dice: "Traed ofrendas, y venid a sus atrios" pero no vengas sin una ofrenda. Traerle ofrendas a Dios, llevarlas al lugar donde nos congregamos nos da acceso a los atrios de Dios. No tenemos derecho de reclamar acceso a Dios si no venimos con una ofrenda. "Ninguno se presentara delante de Jehová con las manos vacías." Si usted desea presentarse delante de Dios y venir a sus atrios, debe traer una ofrenda. Es sumamente importante que usted entienda este principio, que para usted presentarse ante Dios no puede ser con las manos vacías. Tienes que traer algo en manos es su ofrenda, su dinero. Traer una ofrenda es una parte de nuestra adoración señalada por Dios.

El salmista continua diciendo: "Adorad a Jehová en la hermosura de la santidad." Esto nos dice que nuestra adoración no está completa hasta que incluyamos una ofrenda a Dios. Traer una ofrenda, la adoración y la santidad, todo esto está estrechamente ligado al propósito de Dios para nuestras vidas.

Tal vez usted está pensando que no tiene mucho o nada para darle a Dios, o que su economía está pésima. ¿Qué sucede cuando no tenemos ningún centavo, ninguna monedita o pesito para darle a Dios de ofrenda? Eso no significa que no tienes nada para darle, tu si tienes, una ofrenda de tus labios que confiesen su nombre. Dale tu alabanza. Dios conoce tu corazón y también conoce tu verdadera situación económica, por lo tanto él sabe cuánto tú le puedes dar, y eso es lo que el espera que tú le des. Dios sabía lo que le correspondía a Ananías y a Safira dar, eso era lo que ellos tenían que entregar en el altar, querer engañar a Dios, que es imposible, sólo trae dolor y muerte.

¿No tienes nada? Sacrifícale alabanzas a Él. No llegues a sus atrios sin nada. No llegues al templo por llegar. Ven desde tu casa con frutos de labios que exalten quien es Dios. Si es tu alabanza lo único que tienes, hazlo con reverencia y dedicación que sea una alabanza de calidad, para que Dios la reciba. Nunca pienses que la ofrenda de labios sustituirá la ofrenda de tus bienes, cada una tiene su lugar en el culto a Dios.

"No os engañéis; Dios no puede ser burlado: pues todo lo que el hombre sembrare, eso también segará."

Gálatas 6:7

No te olvides nunca, que cada vez que ofrendas de tus bienes, tu reconoces que nada es tuyo sino de Él. De no ser esto una disciplina en tu vida, lo que demuestras con tus acciones es que eres un ser egoísta. Trae tu alabanza y tu ofrenda, ambas son bien recibidos por Dios. Cuando no hay nada, tu alabanza.

Pero cuando tengas para dar no te limites a darle, porque tu no quieres volver a escasear, al dar estas abriendo la puerta a la abundancia económica del Reino. El Reino de Dios te quiere bendecir.

> "Llevad con vosotros palabras de súplica, y volved a Jehová, y decidle: Quita toda iniquidad, y acepta el bien, **y te ofreceremos la ofrenda de nuestros labios.**"
>
> Oseas 14:2

> "Así que, ofrezcamos siempre a Dios, por medio de él, sacrificio de alabanza, es decir, **fruto de labios que confiesan su nombre.**"
>
> Hebreos 13:15

Si usted tal vez pensó que a Dios no le importa mucho cuanto usted da, fíjese que el capítulo 7 del libro de Números describe lo que los príncipes de las doce tribus ofrendaron a Dios. Cada príncipe ofrendo exactamente lo mismo, sin embargo cada una de las ofrendas es descrita en detalle, artículo por artículo en las Escrituras. Cuando Dios enumera ofrendas idénticas en este pasaje, nos está dando un ejemplo de cuan minuciosamente Él lleva cuenta de lo que le ofrendamos.

"Y los príncipes trajeron ofrendas para la dedicación del altar el día en que fue ungido, ofreciendo los príncipes su ofrenda delante del altar. Y Jehová dijo a Moisés: Ofrecerán su ofrenda, un príncipe un día, y otro príncipe otro día, para la dedicación del altar. Y el que ofreció su ofrenda el primer día fue Naasón hijo de Aminadab, de la tribu de Judá. Su ofrenda fue un plato de plata de ciento treinta siclos de peso, y un jarro de plata de setenta siclos, al siclo del santuario, ambos llenos de flor de harina amasada con aceite para ofrenda; una cuchara de oro de diez siclos, llena de incienso; un becerro, un carnero, un cordero de un año para holocausto; un macho cabrío para expiación; y para ofrenda de paz, dos bueyes, cinco carneros, cinco machos cabríos y cinco corderos de un año. Esta fue la ofrenda de Naasón hijo de Aminadab."(Números 7:10-17)

Dios mantuvo un registro absoluto de lo que cada príncipe ofrendó, y entonces hizo que se preservara en las Escrituras, que Moisés tuviera que escribirlo, para que el pueblo de Dios tuviera conocimiento de lo importante que es para Dios lo que le damos. Necesitamos darnos cuenta del grado de importancia que Dios da a nuestras ofrendas.

En el Nuevo Testamento Jesús nos enseña que mientras estaba en el templo él estaba observando de la manera como ofrendaban, lo mismo Dios hace con nosotros, él mismo observa como ofrendamos:

> "Estando Jesús sentado delante del arca de la ofrenda, miraba cómo el pueblo echaba dinero en el arca; y

muchos ricos echaban mucho. Y vino una viuda pobre, y echó dos blancas, o sea un cuadrante. Entonces llamando a sus discípulos, les dijo: De cierto os digo que esta viuda pobre echó más que todos los que han echado en el arca; porque todos han echado de lo que les sobra; pero ésta, de su pobreza echó todo lo que tenía, todo su sustento."

Marcos 12:41-44

En este pasaje bíblico vemos que Jesús observo qué y cómo la gente ofrendaba. Jesús se fijó en lo que cada uno daba y estimó su verdadero valor. El hace lo mismo hoy. Quizás no lo veamos, pero Él está observando cómo y qué damos. Dios mide lo que damos por lo que retenemos. Jesús declaro a sus discípulos, quien echó lo que era de menos valor cuantitativo, pero dio más que ninguno, porque a la viuda no le quedo nada. Los demás echaron lo que les sobró, sin embargo ella echo **todo su sustento**. Usted puede estar seguro que esta mujer dio en fe, creyendo que recibiría de su siembra el ciento por uno, al dar todo lo que tenía y quedarse sin nada refleja la gran fe que tenía esta mujer. Tenga en mente que Dios mide lo que uno da, Él se fija en lo que usted retiene para sí mismo.

Algún día tendremos que dar cuenta de nosotros mismos. "De manera que cada uno de nosotros dará a Dios cuenta de sí" (Romanos 14:12). Y la frase en el griego original, "dar cuentas" se usa mayormente con referencia a asuntos financieros. Así que, cada uno de nosotros va a rendir una cuenta financiera a Dios.

Hay personas que buscan iglesias en donde no se pidan ofrendas, ni se les enseñe sobre ofrendar a Dios. Esas personas no saben nada sobre el principio divino de las ofrendas; creen que la ofrenda es para mantener el lugar de reunión, el templo, que el pastor de la iglesia tal vez se va a quedar con ellas. Otros piensan que es para que el pobre pueda vivir, y otros mil pensamientos erróneos. Eso demuestra que estas personas no tienen nada de información bíblica sobre el tema. Aunque la ofrenda se use para el sostenimiento del lugar de reunión, el principio de ofrendar no es para eso, sino para darle reconocimiento a Dios. Si ellos conocieran lo importante que es saberlo, buscarían a quien les enseñara sobre las ofrendas dadas al Señor.

Hay muchas preguntas que requieren una respuesta cuando se trata de nuestro dinero como: ¿Qué es en realidad la ofrenda? ¿Exige Dios ofrendas? ¿Es importante para Él este acto de ofrendar? ¿Cómo debo de ofrendar al Señor? ¿Puede alguien ser rechazado por Dios por causa de su ofrenda? Contestaremos cada una de estas preguntas a través de las Escrituras.

> "Pasó el tiempo, y un día Caín llevó al Señor una ofrenda del producto de su cosecha. También Abel llevó al Señor las primeras y mejores crías de sus ovejas. El Señor miró con agrado a Abel y a su ofrenda, pero no miró así a Caín ni a su ofrenda, por lo que Caín se enojó muchísimo y puso muy mala cara."
>
> Génesis 4:3-7, DHH

Este texto nos dice que un día Caín llevó una ofrenda al Señor, aunque no especifica cómo era esa ofrenda porque tal vez no tenía nada especial, pero sí nos muestra lo que había en su corazón: descuido, mezquindad… y vemos que continúa diciendo que Dios no aceptó a Caín ni a su ofrenda. Esto nos demuestra que una persona en su intención de ofrendar a Dios, y su ofrenda no tenga calidad, cantidad y buena intención esa ofrenda puede ser rechazada por Dios.

Caín andaba triste, afligido, amargado, porque Dios no había aceptado su ofrenda. Es una desgracia, es algo terrible que Dios no acepte su ofrenda. La persona de la cual Dios no acepta su ofrenda, anda amargada, afligida, angustiada. Posiblemente esta persona no sepa por qué anida tristeza, amargura, depresión, y será porque su espíritu sabe que Dios no aceptó su ofrenda, como le pasó a Caín.

Aquellos que entramos a la presencia de Dios, aquellos que Dios nos acepta, somos llenos de bendición, llenos de gozo, de paz; salimos de su presencia sanos, porque la Biblia dice que si Dios nos oye, podemos obtener lo que le hemos pedido, si Dios nos oye sabemos que lo vamos a obtener.

> "Y si sabemos que él nos oye en cualquiera cosa que pidamos, sabemos que tenemos las peticiones que le hayamos hecho."
>
> 1 Juan 5:15

Por esto es muy importante que Dios nos reciba cuando entramos a su presencia, pero si no sabemos el principio de las ofrendas, Él no nos aceptará cuando queramos entrar en su presencia. "Entonces Jehová dijo a Caín: ¿Por qué te has ensañado, y por qué ha decaído tu semblante? Si bien hicieres, ¿no serás enaltecido? Y si no hicieres bien, el pecado está a la puerta; con todo esto, a ti será tu deseo, y tú te enseñorearás de él" (Génesis 4:6-7).

Ahora bien, ¿Qué fue lo que hizo Caín mal? Fijémonos en la diferencia entre la manera de ofrendar de Caín y Abel. Cuando Abel fue a ofrendarle a Dios tal vez dijo: "Tengo que ofrendarle al Señor, y por cuanto es para Dios voy a buscar la mejor de mis ovejas, la más gordita". Agarró la oveja más linda y la sacrificó para Dios, y Dios la recibió. Sin embargo, Caín tal vez dijo dentro de sí: "Bueno es para Dios la ofrenda y Él conoce mi corazón; de todas maneras la ofrenda va a quemarse" – porque la ofrenda se quemaba– en el Antiguo Pacto. Entonces, en vez de llevar el fruto más lindo – que podía venderlo– le llevó algo que no le servía. Y Caín tal vez dijo: "total es para Dios, él sabe que en mi corazón lo amo y siento en darle lo mejor… como este fruto no lo voy a poder vender, antes de que se eche a perder voy a llevárselo a Dios." ¿Cuántos de nosotros hacemos lo mismo? como es para Dios le doy la sobra. Cuando vemos la actitud de Caín hacia la ofrenda nos damos cuenta que Dios no aceptó su ofrenda por su mezquindad de corazón, y la poca dedicación e importancia que le puso a la ofrenda que iba a ser dedicada a Dios.

"Si bien hicieres, ¿no serías enaltecido?" Hay personas que no son enaltecidas por Dios, porque no han hecho bien al darle su ofrenda. Ofenden a Dios con sus ofrendas. Ofrendar es Palabra de Dios. Es un mandato. Caín no fue aceptado, fue rechazado por su ofrenda descuidada, sin reverencia y sin consideración para quien realmente es. No era para un hombre, sino para Dios, aunque la recibiera un hombre, un ministro del Señor siempre debe de ofrendar como para Dios mismo.

Si usted tiene un billete de dos pesos, todo feo y arrugado, ¿cuánto vale? Si usted tiene un billete de dos pesos, nuevecito, ¿cuánto vale? Valen lo mismo; sin embargo, si tiene un billete viejo y uno nuevo, ¿Cuál le daría a Dios, el nuevo o el viejo? Debe darle el nuevo. ¿Por qué? porque es para Dios; el valor es el mismo, pero a Dios hay que darle lo mejor, la actitud del corazón debe ser apartar para Dios lo mejor, y Dios mira el corazón, lo que hay en el corazón se refleja en nuestras obras, porque en realidad a Dios no le hacen falta los dos pesos ni ninguna cantidad de dinero. Dios quiere ver su fe manifestada en las ofrendas que tú le das. Como hizo la viuda. Lo importante es que nuestras ofrendas son para Dios, ellas hablan de lo que sentimos en nuestro corazón, de nuestros sentimientos hacia Dios.

Esta historia bíblica nos revela lo que había en el corazón de Caín y en el de Abel. Dios mira nuestro corazón a la hora de ofrendar. La ofrenda con que se presentó Abel era de las primeras y de lo mejor de sus ovejas. Dios puso atención en la dedicación y en la calidad de su ofrenda.

"Cada uno dé como propuso en su corazón: no con tristeza, ni por necesidad, porque Dios ama al dador alegre."

2 Corintios 9:7

Veamos qué tan importante es para Dios lo que vamos a darle, pues Dios mira si nuestro corazón está alegre o triste al momento de ofrendarle.

Pero, ¿qué sucede cuando ofrendamos por ofrendar sin ninguna atención, ni dedicación? Leamos este pasaje bíblico en el libro de Malaquías:

"El hijo honra al padre, y el siervo a su señor. Si, pues, soy yo padre, ¿dónde está mi honra? y si soy señor, ¿dónde está mi temor? dice Jehová de los ejércitos a vosotros, oh sacerdotes, que menospreciáis mi nombre. Y decís: ¿En qué hemos menospreciado tu nombre? En que ofrecéis sobre mi altar pan inmundo. Y dijisteis: ¿En qué te hemos deshonrado? En que pensáis que la mesa de Jehová es despreciable. Y cuando ofrecéis el animal ciego para el sacrificio, ¿no es malo? Asimismo cuando ofrecéis el cojo o el enfermo, ¿no es malo? Preséntalo, pues, a tu príncipe;

¿acaso se agradará de ti, o le serás acepto? dice Jehová de los ejércitos. Ahora, pues, orad por el favor de Dios, para que tenga piedad de nosotros. Pero ¿cómo podéis agradarle, si hacéis estas cosas? dice Jehová de los ejércitos."

Malaquías 1:6-9

En estos versículos vemos ocho manifestaciones de un ofrendante con características similares a Caín. Jehová dijo: si yo soy padre, ¿dónde está mi honra? La honra que le damos a Dios puede verse a través de nuestros actos, y Dios la ve a través de nuestras ofrendas. Estudiemos estos textos bíblicos cuidadosamente. Para eso vamos a enumerar y estudiar los significados de la palabra honra:

1. **Honra:** Estima y respeto de la dignidad propia. O sea, que por la dignidad de Dios y su envergadura es que se le debe dar esta honra. Él se merece la honra; el no honrarlo es como si le estuviéramos robando lo que Él se merece, y por eso entramos en pecado, y como resultado, obtenemos la separación de Dios y de sus bendiciones.

2. **Honor.** Es honorable, debemos honrarlo como Él ha estipulado que lo hagamos; o sea, debemos honrarlo por su dignidad, y lo logramos cuando lo hacemos conforme a Malaquías, cuando nos presentamos con ofrendas dignas de Él.

3. **Buena reputación.** Por su reputación es que debemos honrarlo con las ofrendas que Él nos pide. Él es Dios. El no hacerlo así es ignorar su prestigio.

4. **Demostración de aprecio.** Dios espera que lo honremos con sus ofrendas, demostrando nuestro aprecio hacía Él, presentándole ofrendas dignas porque Él lo ha establecido así.

Nadie puede honrar a Dios si no se presenta con ofrendas dignas ante Él por su investidura, Porque Él es Dios. En estos versículos lo deja bien claro; continuemos analizándolo:

"**¿Por qué ustedes no me honran?**" El pueblo le demostró a Dios que con sus ofrendas no lo estaban honrando. El que ofrenda descuidadamente, mezquinamente, sin darle la importancia necesaria a la ofrenda, deshonra a Dios. Al final de estos textos verá que Dios se queja contra ellos por la forma de ofrendar, le ofrendaban lo despreciable, lo que nadie quería ni ellos mismo utilizarían.

"**¿Por qué no me respetan?**" El ofrendar de la forma que ellos lo hacían, así como lo hizo Caín, descuidadamente, mezquinamente, muestra –según Dios–, falta de respeto hacia Él.

"**Ustedes me desprecian.**" Dios mismo se queja de la manera que ofrendaban, sentía que su pueblo lo despreciaba. El que ofrenda por ofrendar, así como lo hizo Caín, sin mostrar reverencia, importancia, dedicación, excelencia, abundancia, desprecia a Dios en el acto de ofrendar como realmente Dios se lo merece.

"¿En qué te hemos despreciado?" Ellos no tenían en cuenta la forma en que ofrendaban al Señor, y todavía le preguntaban en qué lo habían despreciado, "¿En qué te hemos despreciado? Si oramos, ayunamos, te pedimos, somos tus hijos." Dios en su bondad y misericordia les enseña en qué lo despreciaban: "Los criados respetan al amo, pero ustedes no me respetan, dice el Señor." Ahora dice: "Ustedes me han menospreciado y me han tenido en poco, me han subestimado, ustedes me han degradado." Y ellos dijeron "**¿En qué te hemos menospreciado?** En que ofrecéis sobre mi altar pan inmundo." Lo habían menospreciado en las ofrendas, o sea que las ofrendas que presentaban no eran de acuerdo a la investidura de Dios, de acuerdo a su dignidad. Sus ofrendas no demostraban el honor y la honra que se merece Dios.

De la misma manera que nosotros respetamos a nuestro padre carnal así también tenemos que hacerlo con nuestro Padre Celestial. Hay gente que vive en angustia, deprimida, afligida, en necesidad, ausente de lo sobrenatural y es porque Dios no puede aceptar su culto o su adoración por las ofrendas indignas que le dan. Porque cuando llega el momento de dar las ofrendas al Señor, les resulta difícil y lo hacen sin cuidado. Le dan al Señor lo que les sobra; o llegan al servicio calculando para ver si ya pasó el tiempo de ofrendarle al Señor; y ese es un pecado enorme delante de Dios, ya que su ofrenda dice en qué lugar usted tiene al Señor en su corazón. Porque una adoración que agrada a Dios le abre las puertas al ofrendante en lo sobrenatural. Es ahí donde el ofrendante encuentra sanidad, liberación, provisión, unción, poder; y todas las bendiciones que le son prometida a un adorador.

"Ustedes traen a mi altar pan indigno." El Señor les deja saber que la ofrenda de pan que traían era indigna. No dice pan malo, sino pan indigno, o sea que el pan que traían no era de la calidad de pan que Dios se merecía por ser Él quien es. Este pan era de mala calidad y Dios se merecía un pan mejor. Esta ofrenda era mezquina, descuidada, decían como algunos cristianos dicen: "Dios no mira lo que le damos", sin saber que lo que usted le da al Señor muestra su corazón hacía Él. Así lo hacía Caín. Esta es una de las razones por la cual Dios no aceptó la ofrenda de Caín.

¿En qué te ofendemos? Volvieron a preguntarle al Señor, y mire lo que les contesta Dios. Ustedes me ofenden cuando piensan que mi altar puede ser despreciado, y que no hay nada malo en ofrecerme animales ciegos, cojos o enfermos. ¡Vayan pues, y llévenselos a sus gobernantes! ¡Vean si ellos les aceptan con gusto el regalo! Dios les recrimina y demanda, mostrándoles dónde estaba el mal de ellos.

Al igual que el mal de Caín. Cuando alguien ofrenda con mezquindad, descuidadamente, sin darle la importancia debida; es porque piensa que el altar de Dios es despreciable. El Señor les quiere decir en el versículo 8, ustedes piensan que no hay nada malo cuando se le presentan ofrendas de animales ciegos, cojos, enfermos, o sea que le dan de ofrendar aquello que para ellos mismos no tienen ningún valor, lo que no pueden vender, lo que está por morir. Sin embargo, si la ofrenda que da al Señor a usted no le cuesta, entonces para usted no es un sacrificio. Dios no la acepta. El Señor le recrimina y le dice: "Vaya y llévela a sus gobernantes, a ver si ellos se la aceptan." No podemos dudar que Dios es superior a cualquier gobernador de la tierra. Fíjese cómo Dios alterca con ellos y les enseña que deben poner atención, dedicación, excelencia y calidad. Cuando le llevan ofrendas, no lo hagan –dice Dios– mezquinamente, y sin cuidado, porque si lo hacen así, no los escucharé, no los recibiré.

El Señor Todopoderoso les dice que si ustedes dan esa clase de ofrenda, mezquina, indigna, descuidada, miserable, no esperen que Él acepté dicha ofrenda. Les va a pasar lo que le pasó a Caín, a Ananías y Safira. Estos dos últimos fueron capaces por la mezquindad de su corazón de mentirle al Espíritu Santo costándole esta acción sus vidas.

¿Por qué no le doy lo mejor a Dios? Él no recibe nada que no sea lo mejor. Porque lo malo que ofrezco muestra lo que siento en mi corazón hacia Dios. Lo que le ofrezco a Dios es producto del corazón. Lo que le ofrendo es lo que mi corazón me ha dictado. A través de mi ofrenda demuestro en qué lugar tengo a Dios en mi vida. Dios da entender, que cuando presentas algo con desperfectos, es malo delante de su presencia.

Mire la comparación que Dios hace con respecto a ofrendarle de una manera mezquina, sin excelencia, descuidadamente, esto ante los ojos de Dios es malo y es contado como pecado. Continua diciéndoles: "¡Vayan, pues, y llévenselo a sus gobernantes! ¡Vean si ellos les aceptan con gusto el regalo!" (Malaquías 1:8).

Dios les dice: si sus gobernantes no se lo aceptarían con gusto, Yo tampoco, porque mayor soy Yo que sus gobernantes. Eso es lo que dice el Señor: cuando se lo trajeran a sus príncipes ¿se lo aceptarían ellos si sus dádivas son indignas? Quiere decir que Dios mira aun cuando salimos de nuestra casa para ver cuál será nuestra actitud en cuanto a la ofrenda que le vamos a dar en ese día. Entonces ofendemos a Dios con nuestra ofrenda mezquina o con defectos, y Dios no acepta nuestras ofrendas por más que oremos, por más que ayunemos. No nos acepta porque ofendemos a Dios en la manera en que le ofrendamos. Dios exalta a quien le dé lo mejor.

Mire lo que nos dice la Biblia: "Pídanle ustedes a Dios que nos tenga compasión. Pero si le hacen esa clase de ofrendas, **no esperen que Dios los acepte a ustedes con gusto.** El Señor todopoderoso dice" (Malaquías 1:9, DHH).

En la versión de la Biblia Reina Valera dice: "Ahora, pues, **orad por el favor de Dios, para que tenga piedad de nosotros.** Pero ¿cómo podéis agradarle, si hacéis estas cosas? dice Jehová de los ejércitos" (Malaquías 1:9, RVR1960)

Si nuestras ofrendas no vienen de un corazón que agrada a Dios tenemos que pedirle a Dios que tenga compasión de nosotros y arrepentirnos para que tenga piedad de nosotros. Este texto nos revela que si Dios mira la clase de ofrenda al momento de ofrendar. Si vamos a ofrendar con nuestro dinero, entonces demos de acuerdo a nuestra capacidad económica, sin mezquindad y con abundancia.

Dios une la ofrenda con la oración, con los pedidos que ustedes le hacen. No puede separarse la ofrenda de los pedidos hechos en las oraciones, nadie puede acercarse a Dios con las manos vacías. Cuando miramos lo que Dios dice acerca de los que hacen esa clase de ofrendas, la Biblia expresa claramente que no esperen que sean aceptados por Él con gusto. El no ser aceptados nos puede traer desgracias, pobreza, desolación, maldición, etc. Dios siempre pidió clase y calidad en las ofrendas que el pueblo le tenía que traer a Él.

> "Todos los varones deberán presentarse tres veces al año ante el Señor su Dios, en el lugar que él haya escogido, durante las siguiente conforme a los bienes con que el Señor su Dios lo haya bendecido."
> Deuteronomio 16:16-17

Dios mira su ofrenda no por la cantidad que le da al Señor, sino por lo que le queda en su poder. Si en tu corazón Dios te indica una suma, o que le des tal como le dijo al hombre rico, que Dios le pidió todo. ¡Hágalo! No pierdas la bendición que tiene el dar.

Al final de Deuteronomio 16:17 dice bien claro: "Sino que cada uno llevará sus ofrendas conforme a los bienes con que el Señor su Dios lo haya bendecido". La ofrenda a Dios debe de dársele conforme a lo que uno tenga y no conforme a lo que no tenga. Dios conoce su capacidad económica y Él espera que des de lo mejor que tienes.

No es que usted tiene que pagar para que Dios lo oiga, sino que va a obedecer el principio que Dios estableció de cómo hacer para acercarse ante Él, para que Él lo oiga. Usted le pide a Dios para que Él lo oiga; eso demuestra que usted tiene fe en las palabras dadas por Dios.

Testimonio:

Quiero aprovechar esta oportunidad para contarles una experiencia genuina de lo que Dios está haciendo en nuestra iglesia con referencia al tema de las ofrendas. Dios me había hablado en muchas ocasiones e incluso por profetas. Dios me dijo, que yo voy ser una mujer próspera, y mi iglesia también, y que no iba a haber miseria entre mis hermanos porque todos vamos a ser prosperados. ¡Waoo! Pero yo le creí a Dios y al profeta también. Realmente nos convenía a todos. En oración preguntaba al Señor cuando se iba a cumplir esa palabra o que me dijera qué tenía que hacer para llevar a la iglesia a ese nivel financiero. Mientras estaba orando en un cuarto de hotel en Manchester preparándome para una conferencia para pastores y obreros, el Espíritu de Dios habló a mi corazón y me dijo que le enseñara a la iglesia a la cual pastoreo por veinte años junto con mi esposo, que antes de llegar al templo los hermanos debían de venir con las manos llenas. Cada cual tenía que traer su ofrenda de antemano y presentarse al altar con ofrendas en mano. Con dinero. El Señor me dijo que no podíamos llegar al templo con las manos vacías. Que si queríamos algo de Él, teníamos que darle a Él primero. Comencé a llorar porque yo misma estaba orando para que me bendijera y me sentí mal con remordimiento y pobre porque yo a veces llegaba a la iglesia con las manos vacías como si nada.

Sentí desde aquel momento que había sido mal instruida. Nadie me había enseñado antes, que yo debía de ofrendar primero antes de llevar a cabo el culto de adoración. Quedé totalmente aterrada al darme cuenta que le había fallado a Dios todos estos años, aunque sea por ignorancia. Por eso es que la Biblia dice: "Mi pueblo perece por falta de conocimiento."

Yo estaba pereciendo en el área económica. Diezmaba, pero siempre pensando que no era tan importante la cantidad de mí ofrenda, que cuando no tenía, no tenía y no ofrendaba. Pensaba que era más importante adorar a Dios con nuestros cánticos, alabanzas y escuchar un buen mensaje o darle un buen mensaje yo a la iglesia. Para mí eso era un tremendo culto de adoración. Sin ponerle atención a las ofrendas como algo primordial y especial. Cuando me di cuenta de mi error le prometí a Dios e hice pacto con Él; de que nunca iba a llegar con las manos vacías al templo.

Que mejor dejaba de comprar algo que me gustara que dejar de ofrendarle a Dios.

Cuando llegué de mi viaje lo primero que hice fue decirle a la iglesia que Dios había hablado a mi vida y que Dios nos quería prosperar económicamente, les leí el texto que había impactado mi vida en el hotel por el cual Dios me ministró. **"Y ninguno se presentará delante de Jehová con las manos vacías; cada uno con la ofrenda de su mano, conforme a la bendición que Jehová tu Dios te hubiere dado"** (Deuteronomio 16:17).

Para mi sorpresa parece que Dios había preparado al pueblo antes que yo llegara, pues cuando narré mi experiencia de lo que Dios había hablado a mi vida en el viaje, el pueblo respondió inmediatamente. De ahí en adelante, comenzaron ellos a traer sus ofrendas al altar tan pronto llegaban, unos se hincaban de rodillas primero y después depositaban sus ofrendas, otros en el momento de la adoración, a tal magnitud que en mi iglesia no se detiene el culto para pedir las ofrendas. Si le damos gracias a Dios e invitamos a la visita que también pase a ofrendar.

Me he quedado maravillada hasta el día de hoy. Me gozo viendo a mis hermanos trayendo sus ofrendas al altar sin tener que recordárselo. Incluso ninguno de los que ministran en el altar sube a ministrar si no ha ofrendado primero. Es tanta la victoria que hemos tenido que se duplicaron los diezmos y las ofrendas en la iglesia en ese mes y todavía continúa así. Dios nos ha bendecido de una manera increíble. Sólo obedecí a su Palabra, a lo que él me dijo, sólo le dije al pueblo que Dios me dijo que de ahora en adelante todos vamos a llegar al templo con las manos llenas. Incluso les dije que si no había para ofrendar tampoco podía haber para comer en Mc Donald. Que lo primero que debemos hacer es separar la ofrenda de Dios. Sólo les hablé en un servicio, ni siquiera tuve que repetirlo, ni obligarlos, ni amedrentarlos para que lo hicieran. Yo no hice nada, sólo dar la Palabra de Dios e inmediatamente lo recibieron. Dios había preparado el ambiente para recibir esa palabra y se hizo "Rhema" a sus vidas inmediatamente.

He escuchado testimonios de mis hermanos y yo misma les puedo testificar lo que Dios ha hecho. Todos coincidimos con lo mismo y es que la cartera siempre tiene dinero, lo que antes no me ocurría. Siempre tengo para ofrendarle a Dios. A ellos les pasa lo mismo. Ellos cuentan que siempre tienen dinero también. ¡Gloria a Dios!

Eso es para que usted vea y crea lo importante que es presentarse con las manos llenas delante de Dios. Nunca venga a Dios con las manos vacías y mucho menos cuando usted necesita tanto de Él. Usted va a comenzar a experimentar algo diferente en el área de sus finanzas. Es que el mundo espiritual financiero está trabajando a favor de usted.

La Biblia no se equivoca, si usted piensa que eso fue para el pueblo de Israel y para el Antiguo Pacto, entonces usted no verá la prosperidad del Reino. Dios se lo exigió al pueblo de Él. Realmente, Dios no necesita nada de nadie, porque Él es dueño de todo. Esto es sólo una demostración de que usted lo ama y que Él es primero en su vida antes que todo lo demás. Usted realmente le está dando de lo que es de Él, de lo mismo que Él le ha dado a usted.

David dijo: "Porque ¿quién soy yo, y quién es mi pueblo, para que pudiésemos ofrecer voluntariamente cosas semejantes? Pues todo es tuyo, y de lo recibido de tu mano te damos (1 Crónicas 29:12).

Usted tiene la llave para comenzar a ver la prosperidad del Reino por sí mismo, venga a presentarse ante Dios con las manos llenas y usted empezará a ver la prosperidad económica del Reino. ¡Trátelo!

Una de las llaves más importante para obtener prosperidad es hacer lo que dijo Jesús a sus discípulos: "Mas buscad primeramente el Reino de Dios y su justicia, y todas estas cosas os serán añadidas" (Mateo 6:33). Debemos de poner el Reino de Dios y su justicia primero en nuestras vidas sobre una base fiel, eso es, dedicación a Dios, a su Reino y a sus propósitos. Dios se encargará de que todas las cosas materiales y financieras que necesitamos nos sean añadidas. Ir tras el dinero es un esfuerzo terrible. Es muy frustrante. Haga lo que dice Jesús: deje que el dinero le persiga a usted. Si busca el Reino de Dios entonces el dinero le será añadido. Usted no tiene que desvelarse por la noche ni pasar horas incubando planes para hacerse rico ni comprando literatura que hable de como volverse rico de la noche a la mañana. Si sigues el principio de poner a Dios en primer lugar, entonces serán llenos tus graneros.

> "Honra a Jehová con tus bienes, Y con las primicias de todos tus frutos; Y serán llenos tus graneros con abundancia, Y tus lagares rebosarán de mosto."
>
> Proverbios 3:9-10

Los "graneros" y los "lagares" son todas tus necesidades materiales. Serán abundantemente suplidas y rebosarán cuando usted honre a Dios con sus bienes. La manera en la cual usted honra a Dios con sus bienes es dándole las primicias. Esto significa separar la primera (o mejor) porción para Dios. Usted puede honrar a Dios o deshonrarlo con su dinero. El problema de muchos es que dicen ser pobres y no honran al Señor con una proporción significativa de sus ingresos. Ponen su dinero primero que Dios y la Biblia señala que cuando usted pone el dinero primero que Dios es idolatría.

> "Haced morir, pues, lo terrenal en vosotros: fornicación, impureza, pasiones desordenadas, malos deseos y **avaricia, que es idolatría**."
>
> Colosenses 3:5

El apóstol Pablo dice que la avaricia es idolatría. Cuando buscamos primeramente el dinero, estamos haciendo el dinero nuestro dios. Pablo expone la avaricia junto con muchas cosas que desagradan a Dios, como la fornicación e impureza, sin embargo nuestras iglesias están llenas de personas que son culpables de avaricia e idolatría. Pablo hizo una aclaración a los Corintos, por el mismo problema de avaricia. Les dijo que no se juntaran con los avaros, "Os he escrito por carta, que **no os juntéis** con los fornicarios; no absolutamente con los fornicarios de este mundo, o con **los avaros,** o con los ladrones, o con los idólatras; pues en tal caso os sería necesario salir del mundo (1 Corintios 5:9-10). Incluso continúa diciendo que ellos tampoco heredarán el Reino de Dios. "ni los ladrones, **ni los avaros,** ni los borrachos, ni los maldicientes, ni los estafadores, **heredarán el Reino de Dios**" (1 Corintios 6:10). Vemos la gravedad de este asunto, que cuando nos convertimos en avaros, mezquinos con Dios hasta nuestra salvación o nuestra herencia en el Reino de Dios está en juego. La fe es necesaria para romper con la avaricia en su vida. Usted va a tener que hacer algo y es comenzar a dar. Dando se rompe toda avaricia que pueda haber en su corazón.

4

Una Ofrenda Salada

Desde que salió del huerto del Edén, el hombre perdió el estar en perfecta armonía con Dios; perdió estar en su presencia porque Dios se paseaba en el huerto del Edén, el lugar que Dios había destinado para ellos. El hombre perdió el tener ese contacto directo con su Creador, el que lo formó, su Padre. Como el hombre es un ser adorador, Dios pone en su corazón la necesidad de volver a entrar en Su presencia. Por esa razón el hombre busca la forma de crear un ambiente de comunión absoluta con su Creador; así comienza a ofrendarle a Dios. Ahí vemos el caso de Abel y Caín que ofrecían ofrendas a Dios.

Habíamos mencionado anteriormente lo que es una ofrenda. Una ofrenda es una dádiva o servicio en muestra de gratitud o amor. El término "ofrenda" en hebreo "*corban*" se relaciona con el verbo que significa "acercar". Buscando como acercarse nuevamente, comienza a dar ofrendas a Dios. Y vemos como Moisés escribe el libro de Levítico para instruir a los israelitas y a sus mediadores sacerdotales acerca de su acceso a Dios mediante la sangre expiatoria que se derramaba al ofrendar como Dios había establecido; y de esta manera, su pueblo escogido pudiera llevar una vida santa para acercarse a Dios. Así que Dios había establecido las ofrendas como un principio para que el hombre se acercará a Él, nadie podía presentarse ante Él con las manos vacías.

> "...Y ninguno se presentará delante de Jehová con las manos vacías; cada uno con la ofrenda de su mano, conforme a la bendición que Jehová tu Dios te hubiere dado."
>
> Deuteronomio 16:16b-17

Este texto nos enseña que ya Dios había establecido un principio con relación a las ofrendas. Dios mandaba que cada vez que se presentaran los hombres ante Él, debían de hacerlo con ofrendas, con las manos llenas. Cada uno debía presentar una ofrenda en su mano. Los adoradores presentaban las ofrendas a fin de expresar fe y reconocimiento por las misericordias recibidas; y así poder renovar la comunión con Dios, profundizar en su dedicación al Señor, o pedir perdón por sus pecados. Pero para que esa ofrenda fuera aceptable a Dios, tenía que haber genuino y sincero arrepentimiento y una verdadera disposición de andar en justicia y misericordia.

Dios había establecido un pacto con el pueblo de Israel, que cada ofrenda tenía que ser salada, tenía que llevar sal. Un pacto es un tratado entre dos o más partes que se comprometen a cumplir lo estipulado. Y este pacto era estatuto perpetuo, era irrevocable porque Dios lo estableció así.

La sal en la antigüedad se utilizaba para hacer pacto irrevocable. Usualmente eran pactos en lo que se querían perpetuar acuerdos, promesas o posesiones, pues había el interés en ambas partes de beneficiar generaciones futuras. Las dos partes o los dos individuos venían y se sentaban frente a frente. Cada uno traía su propio bolso de sal. Ambos tomaban un puñado de sal de sus respectivos bolsos y lo echaba en el bolso de la otra parte. Viniendo hacer este pacto de sal uno inquebrantable. Pues ninguno de los dos podía recuperar su sal, una vez que entraba en el saco ajeno y era mecido.

> "Todas las ofrendas elevadas de las cosas santas, que los hijos de Israel ofrecieren a Jehová, las he dado para ti, y para tus hijos y para tus hijas contigo, **por estatuto perpetuo; pacto de sal perpetuo** es delante de Jehová para ti y para tu descendencia contigo."
>
> Números 18:19

Este pacto no era sólo con los sacerdotes de Dios, sino con todo aquel que fuera a ofrecer su ofrenda. Este pacto era con Sal. La sal representa preservación y permanencia, y pone de relieve la irrevocabilidad del pacto. No se podía revocar. Ya Dios lo había establecido por estatuto perpetuo. Se había convertido en un mandato o una resolución. Este pacto era para siempre. El profeta Isaías dijo: "más la palabra del Dios nuestro permanece para siempre" (Is. 40:8b) así que no importa el tiempo en que estemos viviendo, toda ofrenda tiene que ser salada para que sea acepta ante Dios.

> "Y sazonarás con sal toda ofrenda que presentes, y no harás que falte jamás de tu ofrenda la sal del pacto de tu Dios; en toda ofrenda tuya ofrecerás sal."
>
> Levítico 2:13

Usted dirá, pero eso fue en el Antiguo Pacto, ya no hay necesidad de ofrecer ofrendas a Jehová como lo hacía el pueblo de Israel. Ya no hay que hacer más holocausto para eso murió Jesús en la cruz del Calvario, eso era en el tiempo de la ley. Pero no olvides que fue Dios el que dijo que toda ofrenda tenía que ser salada con sal y sabemos que su palabra permanece para siempre. Fue Él quien lo estableció como estatuto perpetuo, no fue Moisés, fue Dios quien lo dijo y es Su palabra. Jesús, el Hijo enviado de Dios, dijo:

> "**Vosotros sois la sal de la tierra**; pero si la sal se desvaneciere, ¿con qué será salada? No sirve más para nada, sino para ser echada fuera y hollada por los hombres."
>
> Mateo 5:13

Jesús nos llamó a nosotros sus hijos "la sal de la tierra". Tú y yo somos la sal de este mundo. Tú y yo somos la sal que se necesita para que toda ofrenda sea recibida como olor grato y acepto ante Dios.

> "Porque todos serán salados con fuego, y todo sacrificio será salado con sal. Buena es la sal; más si la sal se hace insípida, ¿con qué la sazonaréis? **Tened sal en vosotros mismos**; y tened paz los unos con los otros."
>
> Marcos 9:49-50

El creyente es sal pero la sal puede desvanecer o hacerse insípida. Por lo tanto, podemos hacer un paréntesis en esta enseñanza para explicar cómo puedes preservar la sal que está en ti. Para esto debemos de preguntarnos cuales son las propiedades de la sal. La sal posee dos propiedades importantísima, las cuales son: dar sabor y preservar. Preguntémonos esta vez ¿qué cosa hay en la vida del creyente que le dan sabor a su vida y lo preservan de corromperse? La respuesta a esta pregunta será el Espíritu Santo y la Palabra de Dios.

Estas dos poderosas presencias se convierten en su sal, es por eso tan importante el preservarlos en tu vida. Sin duda, la relación de intimidad entre el creyente y Dios es lo que magnifica la ministración del Espíritu Santo y la revelación de su poderosa Palabra. Cuando tenemos abundancia de estas presencias, tenemos abundancia de sal. No está demás mencionar que el Espíritu Santo y la Palabra de Dios nos guían, nos santifican y nos cambian; haciendo de nuestras vidas elementos de influencia espiritual y social. Cierro este paréntesis diciendo que el Espíritu Santo y la Palabra revelada son la sal de todo creyente. Mientras nosotros tengamos sal, nuestra vida será un sacrificio vivo; por eso es importante que tú no pierdas tu sal. Si tú pierdes tu sal el sacrificio de tu vida no es recibido.

> "Así que, hermanos, os ruego por las misericordias de Dios, que presentéis vuestros cuerpos en sacrificio vivo, santo, agradable a Dios, que es vuestro culto racional."
>
> Romanos 12:1

Dios recibe tu cuerpo en sacrificio vivo porque va acompañado de la sal, por eso tu ofrenda es agradable a Dios. Tú eres la sal del pacto, la que va acompañada de tu ofrenda. Cuando la ofrenda viene de un hijo de Dios, de un sacerdote -porque la Biblia nos llama reyes y sacerdotes-, esa ofrenda viene de un corazón dadivoso, agradecido por lo que ha recibido de Dios, esa ofrenda es bien recibida.

La iglesia es la sal de la tierra. Para que la humanidad pueda hacer un sacrificio aceptado por Dios, la iglesia tiene que estar presente; es decir, cuando los hombres presentan una ofrenda a Dios, tiene que haber una representación de la iglesia. Cuando el pueblo de Israel o una nación se arrepentían de sus pecados siempre había un hombre de Dios o un mediador por medio del cual la ofrenda de su humillación o arrepentimiento era aceptable y agradable a Dios. Este mediador era la sal necesaria para que aquella ofrenda fuera aceptable y agradable a Dios.

Aun los paganos cuando se arrepentían, doblaban sus rodillas y adoraban a Dios, como en el caso de Jonás en Nínive y de Daniel en Babilonia. Cuando la nación se arrepentía era por aquel mediador que representaba la sal de esa ofrenda. Había logrado que Dios la aceptara y le extendiese su perdón y su misericordia. Si el arrepentimiento era aceptado por Dios era porque había alguien que representaba la sal de esa ofrenda.

La iglesia no puede perder la sal por que la humanidad no tiene como hacer una ofrenda de arrepentimiento de pecado que agrade a Dios. Alguien tiene que ser la sal, y este alguien no puede estar insípido. De lo contrario, la ofrenda viene a ser insípida. Le falta sabor. Pablo dijo:

> "Porque para Dios somos grato olor de Cristo en los que se salvan, y en los que se pierden; a éstos ciertamente olor de muerte para muerte, y a aquéllos olor de vida para vida. Y para estas cosas, ¿quién es suficiente?
>
> 2 Corintios 2:15, 16

Tú eres la sal de la tierra. Mire si esto es tan importante que el mismo Pablo cuando Epafrodito le trajo una ofrenda enviada por los hermanos de Filipo dijo:

> "Pero todo lo he recibido, y tengo abundancia; estoy lleno, habiendo recibido de Epafrodito lo que enviasteis; olor fragante, sacrificio acepto, agradable a Dios."
>
> Filipenses 4:18

Llamó a las ofrendas monetarias de dinero, olor fragante, sacrificio acepto, agradable a Dios. A Dios le agrada mucho el sacrificio de la persona cuando lo da con fe y obediencia. Porque se convierte en olor grato a Jehová.

Es importante que no te presentes con las manos vacías ante Dios. Usted tiene la sal a través de Jesucristo para que toda ofrenda que des a Jehová sea recibida como olor grato. Si quieres que Dios se agrade de ti, tienes que hacer validar tu pacto con Él a través de tus ofrendas. Este pacto es uno de bendición y prosperidad perpetua. No solo tienes necesidad de traer una ofrenda para validar este pacto sino que además, debes tener presente que en tu vida tiene que haber sal. Pero si no traes ofrendas estas rompiendo el pacto cuando vienes a la casa de Dios con las manos vacías, sin nada, o es porque realmente no tenías la intención de acercarte a Él, de entrar en su presencia. Las ofrendas es unos de los medios que escogió Dios para que el hombre tuviera acceso a su presencia., ¿Qué tienes tú para presentarte ante Dios?

Si hay algo que está deteniendo su ofrenda, la Biblia dice:

> "Por tanto, si traes tu ofrenda al altar, y allí te acuerdas de que tu hermano tiene algo contra ti, deja allí tu ofrenda delante del altar, y anda, reconcíliate primero con tu hermano, y entonces ven y presenta tu ofrenda."
>
> Mateo 5:23-24

Mire lo importante que es presentar ofrendas cuando vienes a adorar a Dios, que te dice las Escrituras que si traes tu ofrenda al altar dejes allí tu ofrenda no es que te la lleves contigo, sino que si te acuerdas que tienes algo contra alguien deja allí tu ofrenda, en el altar y vete y reconcíliate con tu hermano primero, y entonces ve, y presenta tu ofrenda. Es importante que cuando vengas al templo vayas al altar y te presentes con tus ofrendas en tus manos, no vengas sin nada.

El salmista dijo: "Entrad por sus puertas con acción de gracias, Por sus atrios con alabanza; Alabadle, bendecid su nombre" (Salmo 100:4). La gente interpreta este texto como si hubiese que entrar a la iglesia con alabanza, con regocijo, eso está bien. Pero fíjense el texto dice con acción de gracias. Ya el texto añade con alabanza, así que estas acciones de gracias son tus ofrendas. Pablo dijo: "para que estéis enriquecidos en todo para toda liberalidad, la cual produce por medio de nosotros acción de gracias a Dios." Cuando ofrendas con generosidad, con liberalidad, con desprendimiento, cuando traes tu ofrenda, eso produce en ti acciones de gracias. Así que cuando vengas al templo ven con tus ofrendas porque eso demuestra tu gratitud por Él. Recuerda que todo lo que tienes te lo ha dado Dios y le estas dando a Él de lo mismo que él te ha dado. Nada es tuyo.

David dijo: "Porque ¿quién soy yo, y quién es mi pueblo, para que pudiésemos ofrecer voluntariamente cosas semejantes? Pues todo es tuyo, y de lo recibido de tu mano te damos." (1 Crónicas 29:14) Cuando el pueblo estaba haciendo los preparativos del templo comenzaron a dar oro, plata, hierro, piedras preciosas, y David dijo esto hemos preparado para edificar tu casa, de tu mano es, y todo es tuyo (1 Crónicas 29:16).

El rey David reconoció que todas sus riquezas terrenales eran producto del favor de Dios para con él. Aun lo que ofrendaba el pueblo era recibido de lo mucho que Dios les había dado. El día que usted entienda que no tiene nada, que todo es de Dios, no le va a doler darlo, porque a quien realmente le pertenece su economía es a Él; y a Él le agrada compartirla con usted, no es para que la deje en tus manos, en tu bolsillo o en el banco, o en tu casa, sino para que se la ofrezca a Él, como acción de gracias. Porque el Espíritu Santo de Dios escudriña tu corazón y la rectitud le agrada, por eso debes ofrecer voluntariamente, con rectitud de corazón, con alegría, espontáneamente, porque tu ofrenda ya ha sido salada, para que llegué a Jehová con olor grato.

5

El Secreto de la Prosperidad

Hemos visto como el dinero pone a Dios en primer lugar. Dios desea que veamos nuestro dinero como algo santo. Pero antes de concluir este libro, es imposible de hacerlo sin hablar del diezmo. En el pueblo de Dios, todavía hay gente en una discrepancia en cuanto a los diezmos se refiere, altercando y cuestionando, si el diezmo es de la ley y si tenemos que diezmar ahora, ¿sí o no? Satanás se ha encargado de confundir al pueblo de Dios; sembrando dudas en sus corazones para robarle la prosperidad que les corresponde como hijos de Dios.

Pero cuando leemos la Biblia nos damos cuenta que los diezmos existían mucho antes que la ley. El diezmo en realidad no viene de la ley, sino que se remonta más atrás. Algunos piensan que el diezmo fue instituido originalmente en la ley de Moisés, pero eso no es así. La Biblia hace un registro sobre el diezmar, que es por lo menos cuatrocientos treinta años más antiguo que la ley. Pero si nos remontamos a los tiempos de Adán y Eva, el diezmar va mucho más allá de los cuatrocientos treinta años. Esto lo podemos ver en la historia de Abel y Caín que diezmaron de su trabajo. La Biblia dice que Abel trajo de los primogénitos de sus ovejas (significa que trajo de lo primero y más de una) por ser pastor de ovejas y Caín del fruto de la tierra por ser labrador de la tierra y se lo presentaron como ofrenda a Dios.

> "Después dio a luz a su hermano Abel. Y Abel fue pastor de ovejas, y Caín fue labrador de la tierra. Y aconteció andando el tiempo, que Caín trajo del fruto de la tierra una ofrenda a Jehová. Y Abel trajo también **de los primogénitos de sus ovejas**, de lo más gordo de ellas. Y miró Jehová con agrado a Abel y a su ofrenda."
>
> Génesis 4:2-4

Dios no miró con agrado la ofrenda que presento Caín al Señor, la porción que le correspondía a Dios del fruto de la Tierra. Ese mismo texto en Génesis 4:2-4 en la Biblia Septuaginta[1] nos da más luz sobre este versículo:

"Andando el tiempo sucedió que Caín presentó como sacrificio al Señor una parte de los frutos de la tierra. También Abel

---

[1] La Biblia griega o Septuaginta (LXX) es una colección de escritos, la mayor parte de ellos traducidos del hebreo y algunos redactados originalmente en griego, compuesta a lo largo de cuatro siglos, desde III a.C hasta el I d.C. El nombre de Septuaginta hace referencia al número de setenta/setenta y dos eruditos que según la legendaria Carta de Aristeas tradujeron la Tora judía, es decir, el pentateuco, en la ciudad de Alejandría durante el reinado de Ptolomeo II Filadelfo (285-246 a.C).

presentó una parte de las primeras crías de sus ovejas y de sus grasas. Y miró Dios Abel y sus dones, pero no presento atención a Caín y sus sacrificios. Esto dolió mucho a Caín y andaba con el rostro abatido. Y dijo el Señor Dios a Caín: ¿Por qué estás tan triste, y por qué tu rostro anda abatido? ¿No es verdad que, **aunque hayas hecho las ofrendas correctas, si no has dividido rectamente, has pecado?** Cálmate; su inclinación tiende hacia ti, y tú le dominaras."[2]

Según la Biblia Septuaginta, este texto nos enseña que Caín no trajo lo correcto, lo que realmente le correspondía a Dios de su trabajo. Dios le hace un reclamo a Caín cuando le dice: "aunque hayas hecho las ofrendas correctas, si no has dividido rectamente, has pecado." Cuando no le damos la proporción correcta a Dios de lo que le pertenece, cuando damos lo que creemos nosotros que es suficiente para Dios y no lo que es real y justo para Él ¿no es contado como pecado? El tema de las ofrendas y de los diezmos siempre ha sido un tema delicado en las iglesias. La pregunta que nos debemos hacer es ¿Es pecado no diezmarle y ofrendarle a Dios? Dios siempre está atento a las ofrendas que le ofrecemos a Él. Mirando la dedicación y con la atención que le ponemos a nuestras ofrendas, y si le damos lo que realmente le corresponde a Él. Debemos de tener cuidado no quedarnos con lo que no nos pertenece. Acuérdese que para

---

[2] Dividido o realizado el sacrificio conforme al ritual, cf. Gn 15:10. La interpretación griega se aparta notablemente del texto hebreo.

ser próspero, rico y poderoso, una de las llaves a la prosperidad es darle a Dios lo que le corresponde.

Después de la historia de Caín y Abel, aparece la historia bíblica de Abraham, que diezmo a Melquisedec cuatrocientos treinta años antes de promulgarse la ley. Esto comprueba el por qué Abraham diezmó antes de la ley. Porque ya Caín y Abel sacaban de lo primogénito, de lo primero para dárselo a Dios. La Biblia nos menciona por primera vez la palabra diezmo en el relato de Génesis 14:17-20, cuando Abraham diezmó a Melquisedec, rey de Salem **de todo** lo que había conquistado en la batalla del botín que había recogido de sus enemigos.

> "Cuando volvía de la derrota de Quedorlaomer y de los reyes que con él estaban, salió el rey de Sodoma a recibirlo al valle de Save, que es el Valle del Rey. Entonces Melquisedec, rey de Salem y sacerdote del Dios Altísimo, sacó pan y vino; y le bendijo, diciendo: Bendito sea Abram del Dios Altísimo, creador de los cielos y de la tierra; y bendito sea el Dios Altísimo, que entregó tus enemigos en tu mano. **Y le dio Abram los diezmos de todo.**"
>
> Génesis 17:14-20

En la Epístola a los Hebreos en el capítulo 7 nos relata más sobre esta historia donde Abraham le entregó los diezmo a Melquisedec. Vemos que Abraham es presentado en el Nuevo

Testamento, como padre y modelo a seguir de todos los creyentes. Abraham dio a Melquisedec una décima parte de todo lo que había adquirido en la victoria. Dios se le reveló a Abraham por medio del uso de las Teofanías. Una teofanía es una manifestación visible de Dios, y normalmente lo consideramos como algo temporal. Como hemos visto, Dios es Espíritu e invisible al hombre. Para hacerse visible, Él se manifestaba en una forma física. Aunque nadie puede ver el Espíritu de Dios, se puede ver una representación de Dios. En este caso, Dios se apareció a Abraham como Melquisedec, Rey de Salem, como alguien que no tenía padre, ni madre, sin genealogía, ni principio de días, ni fin de vida. Melquisedec era sacerdote del Dios altísimo, o representante de Dios en la Tierra en ese tiempo en particular, el cual era un tipo o una sombra de la figura de Cristo, y dice que bendijo a Abraham. El autor del libro de Hebreos nos relata:

> "A quien asimismo dio Abraham **los diezmos de todo**; cuyo nombre significa primeramente Rey de justicia, y también Rey de Salem, esto es, Rey de paz."
> Hebreos 7:2

Este texto nos revela la disposición del padre de la fe, Abraham, al entregar por sí mismo todos los diezmos a Melquisedec. No solo porque tal vez era Dios o Jesucristo quien se le había revelado, sino que a través de la fe Abraham reconoció que Melquisedec era alguien más grande que él, por lo cual le entregó los diezmos de todo, en demostración de agradecimiento, reconociendo el señorío de Dios sobre todo lo que el poseía.

El escritor del libro de Hebreos en el capítulo 7:7 dijo: "Y sin discusión alguna, el menor es bendecido por el mayor." Narrando el escritor sobre este suceso, nos revela aquí un poderoso principio en referencia a los diezmos, establece que sólo se le diezma a alguien mayor, pues solo el mayor puede bendecir al menor. En otras palabras, el creyente siempre tendrá que diezmar a alguien que Dios haya posicionado por encima de él. De esta manera la bendición que acompaña este principio se hace una realidad en la vida del diezmador.

Por lo tanto, el creyente no puede diezmarse a sí mismo ni tampoco utilizar sus diezmos para bendecir o ayudar a otros creyentes, que están en alguna situación económica de necesidad, porque para eso están las ofrendas. Porque la bendición económica que produce el diezmo se perdería.

El acto de fe de Abraham garantizó la prosperidad de sus hijos por generaciones porque dio el diezmo aun de Leví -que sería su bisnieto- antes de su nacimiento. Leví quien sería la tribu sacerdotal de Israel, y a quien el pueblo de Israel le entregaría los diezmos, había recibido la bendición del diezmo que dio el padre Abraham, tres generaciones antes. Leví era de la cuarta generación de Abraham.

La fe de Abraham abrió la puerta de bendición desde su generación hasta su cuarta generación. La tribu de Leví sería los que ministraría en el tabernáculo por heredad y estatuto perpetuo. Dios establece en la ley que los diezmos serian para el sostenimiento del ministerio, ellos recibirían los diezmos del pueblo para su sustento.

> "Ciertamente los que de entre los hijos de Leví reciben el sacerdocio, **tienen mandamiento de tomar del pueblo los diezmos** según la ley, es decir, de sus hermanos, aunque éstos también hayan salido de los lomos de Abraham."
>
> Hebreos 7:5

Dos cosas muy importantes se establecen aquí: primero, el diezmo es necesario para perpetuar el ministerio, y segundo, nadie está exento de dar su diezmo, Abraham diezmó, Leví también diezmaría. Si actuamos en fe como lo hizo Abraham, e incluimos el área económica y nuestras posesiones materiales de la manera que Abraham hizo, nuestras generaciones serán benditas para siempre. El acto de fe de Abraham abrió las puertas de la bendición del diezmar para sus futuras generaciones. Así mismo, juntamente como ellos, habremos de dejar un legado de fe.

"Y he aquí yo he dado a los hijos de Leví todos los diezmos en Israel por heredad, por su ministerio, por cuanto ellos sirven en el ministerio del tabernáculo de reunión. Y no se acercarán más los hijos de Israel al tabernáculo de reunión, para que no lleven pecado por el cual mueran. Mas los levitas harán el servicio del tabernáculo de reunión, y ellos llevarán su iniquidad; estatuto perpetuo para vuestros descendientes; y no poseerán heredad entre los hijos de Israel. **Porque a los levitas he dado por heredad los diezmos de los hijos de Israel, que ofrecerán a Jehová en ofrenda**; por lo cual les he dicho: Entre los hijos de Israel no poseerán heredad. Y habló Jehová a Moisés, diciendo: Así hablarás a los levitas, y les dirás: Cuando toméis de los hijos de Israel los diezmos que os he dado de ellos por vuestra heredad, **vosotros presentaréis de ellos en ofrenda mecida a Jehová el diezmo de los diezmos**. Y se os contará vuestra ofrenda como grano de la era, y como producto del lagar. **Así ofreceréis también vosotros ofrenda a Jehová de todos vuestros diezmos que recibáis de los hijos de Israel; y daréis de ellos la ofrenda de Jehová al sacerdote Aarón.** De todos vuestros dones ofreceréis toda ofrenda a Jehová; de todo lo mejor de ellos ofreceréis la porción que ha de ser consagrada. Y les dirás: Cuando ofreciereis lo mejor de ellos, será contado a los levitas como producto de la era, y como producto del lagar. Y lo comeréis en cualquier lugar, vosotros y vuestras familias; pues es vuestra remuneración por vuestro ministerio en el tabernáculo de reunión."

Números 18:21-31

Dios estableció bajo la ley de Moisés los diezmos como un mandamiento al pueblo de Israel, el cual el pueblo de Israel tenía que cumplir. El diezmo simplemente pertenecía a Dios. Era un hecho incuestionable.

> "Y el diezmo de la tierra, así de la simiente de la tierra como del fruto de los árboles, de Jehová es; es cosa dedicada a Jehová [el diezmo es santo]... ^{32} Y todo diezmo de vacas o de ovejas, de todo lo que pasa bajo la vara, el diezmo será consagrado a Jehová."
>
> Levítico 27:30,32

Todo el diezmo es santo para Dios. La ley del diezmo decía: "Indefectiblemente [Que no puede faltar o dejar de ser] diezmarás todo el producto del grano que rindiere tu campo cada año."(Deuteronomio 14:22).

En nuestra generación seguimos viviendo la realidad de este poderoso principio económico del Reino. El diezmo continua bendiciendo al que diezma. Pero además bendice a todos los ministros del evangelio, que trabajan para el Reino de Dios, los cuales reciben su sostenimiento o son bendecidos a través de los diezmos del pueblo.

El diezmo era el salario, su sustento para que ellos pudieran dedicarse a la obra de Dios. Jesús lo confirmo también así, en Mateo 10:9-10 dice: "No os proveáis de oro, ni plata, ni cobre en vuestros cintos; ni de alforja para el camino, ni de dos túnicas, ni de calzado, ni de bordón; **porque el obrero es digno de su alimento.**" Lucas 10:7 "Y posad en aquella misma casa, comiendo y bebiendo lo que os den; porque el **obrero es digno de su salario**. No os paséis de casa en casa." Pablo lo dijo también en 1 Timoteo 5:18: "Pues la Escritura dice: No pondrás bozal al buey que trilla; y: **Digno es el obrero de su salario.**"

Pablo también deja claro como orden y mandato del Señor, no de él, sino de Dios para todos los que sirven al altar:

> "¿No sabéis que los que trabajan en las cosas sagradas, comen del templo, y que los que sirven al altar, del altar participan? Así también **ordenó el Señor a los que anuncian el evangelio, que vivan del evangelio.**"
>
> 1 Corintios 9:13-14

Los diezmos de Abraham fueron una demostración de su fe y de su amor a Dios. Leví también tuvo que diezmar a pesar que Abraham pagó los diezmos de él a Melquisedec. Esto significa que nadie está exento de diezmarle a Dios, como ya mencionamos, darle a Él lo que le corresponde. La Biblia dice: "y por decirlo así, en Abraham pagó el diezmo **también Leví**..." (Hebreos 7:9). La Biblia nos dice en Éxodo 20:5 "...visitó la maldad de los padres sobre los hijos hasta **la tercera y cuarta generación** de los que me aborrecen..." Jehová visita la tercera y hasta la cuarta generación. Nos damos cuenta que Abraham tenía un claro entendimiento de que Dios visita hasta la cuarta generación, pues cuando diezmó no lo hizo sólo por su primera generación, sino que diezmó hasta su cuarta generación, que era Leví. Este acto de fe garantizó la bendición para sus generaciones. Así mismo lo hizo Leví que diezmó para garantizar sus generaciones futuras.

Cada cual es responsable ante Dios de diezmar de todo lo que recibe y al mismo tiempo está garantizando que sus generaciones serán benditas.

Estos versículos bíblicos que hemos expuestos nos enseñan:

1. Que todo ser viviente tiene que darle a Dios lo que le pertenece (He 7:2-4).

2. Que no importa el título o ministerio que tengas, debes diezmar (He 7:4).

3. Que si quieres garantizar la prosperidad tuya y la de tu generación debes diezmar (He 7:6).

4. El diezmo da testimonio de ti para con Dios (He 7:6).

5. Los diezmos y las ofrendas dan testimonio de que la vida de Dios está en ti (He 7:8).

6. Tus diezmos demuestran tu amor y tu justicia para con los demás (Así como Abraham demostró su amor para Leví antes de que naciera) (He 7:5, 9,10).

7. Los diezmos demuestran tu agradecimiento para con Dios.

8. El diezmo preserva el culto y la ministración de los ministros del evangelio a Dios.

Anteriormente había mencionado que en el libro de Números 18:21 se estipula el sostenimiento de sacerdotes y levitas, "Y he aquí yo he dado a los hijos de Leví todos los diezmos en Israel por heredad, por su ministerio, por cuanto ellos sirven en el ministerio del tabernáculo de reunión." Los Levitas tomaban los diezmos del pueblo por mandato de Dios porque Dios lo había estipulado así, sin embargo ellos también tenían que separar el diezmo del diezmo y dárselo al sacerdote Aarón, a alguien más grande que ellos.

> "Y habló Jehová a Moisés, diciendo: Así hablarás a los levitas, y les dirás: Cuando toméis de los hijos de Israel los diezmos que os he dado de ellos por

vuestra heredad, vosotros presentaréis de ellos en ofrenda mecida a Jehová el diezmo de los diezmos. Y se os contará vuestra ofrenda como grano de la era, y como producto del lagar. Así ofreceréis también vosotros ofrenda a Jehová de todos vuestros diezmos que recibáis de los hijos de Israel; y daréis de ellos la ofrenda de Jehová al sacerdote Aarón."

Números 18:25-28

De igual manera Abraham le dio los diezmos a alguien más grande que él, a Jesucristo. Jesús es nuestro Sumo Sacerdote según el orden de Melquisedec. El sacerdocio de Melquisedec es un sacerdocio eterno porque aquel que está en el sacerdocio nunca muere. El libro de Hebreos afirma que Jesús vive para siempre como Sumo Sacerdote según el orden de Melquisedec. Y en su sacerdocio Él recibe los diezmos de su pueblo. "… hecho semejante al Hijo de Dios, permanece sacerdote para siempre. Considerad, pues, cuán grande era éste, a quien aún Abraham el patriarca dio diezmos del botín (Hebreos 7:3).

Cuando apartamos nuestros diezmos y ofrendamos nuestros diezmos, y ofrendamos a Jesús, estamos en realidad reconociendo que Jesús es nuestro Sumo Sacerdote conforme al sacerdocio de Melquisedec. Esta es una de las maneras en que podemos honrarle y reconocerle como nuestro Sumo Sacerdote.

Luego vemos que Dios reconfirma los diezmos cuando se establece la ley por medio de Moisés. Dios le dice al pueblo: "Y el diezmo de la tierra, así de la simiente de la tierra como del fruto de los árboles, de Jehová es; es cosa dedicada a Jehová" (Levítico 27:30). Este texto nos asegura que el diezmo de la tierra, de las semillas, de los frutos, de los árboles, es de Jehová; en esto no hay negociación ni duda. Segundo, dice que este diez por ciento debe consagrarse a Jehová. La palabra consagrar significa, dedicar, apartar. Todo lo que Dios nos permite conseguir a través de nuestro trabajo y esfuerzo, el diez por ciento es de Él. Él lo llama diezmo. Este porcentaje hay que separarlo, apartarlo, consagrarlo a Él y lo llevamos donde nos congregamos; y allí se usa para que en la casa de Dios, o el templo, nunca falte quien traiga la Palabra de Dios a las ovejas del Señor.

El diezmo es una de las llaves que nos abre las puertas del Reino hacia la prosperidad económica. Quiero que entiendan bien lo que es la prosperidad y el ser próspero. Próspero es aquel que además de tener dinero, tiene la felicidad con la familia, que hoy está bien y termina sus días bien, no como muchos de los cristianos que aparentan estar en prosperidad solo porque dicen que tienen a Cristo en su corazón. Sin embargo, están en deudas con bancos, financieras, tarjetas de crédito y nada está a su nombre, todo se lo deben a alguien, y si por alguna razón algo falla, pierden su trabajo, pierden todo lo que tienen.

Próspero es aquel que, además de recibir la vida de Dios, tiene la felicidad por todo lo que tiene. No hay deudas porque todo lo tiene pago, y lo que toma prestado tiene con qué pagarlo, duerme sin temor a lo que pueda suceder, puede cambiar el gobierno y sabe que él está a salvo, porque todo lo tiene seguro en Dios. Todo esto se logra cuando entendemos la importancia de no deberle a Dios lo que a Él le corresponde: **los diezmos de todos tus ingresos.**

Los diezmos son una manera sencilla y práctica y escritural de poner a Dios en primer lugar con nuestro dinero. Es apartar fielmente a Dios la décima parte de su ingreso. Diezmo significa "la décima parte" y se usa en la Biblia. La Palabra de Dios pone a prueba nuestro amor por Él por medio de nuestros diezmos. El dinero es una parte de nosotros. Jehová le dijo al Pueblo de Israel:

> "Desde los días de vuestros padres os habéis apartado de mis leyes, y no las guardasteis. Volveos a mí, y yo me volveré a vosotros, ha dicho Jehová de los ejércitos. Mas dijisteis: ¿En qué hemos de volvernos? ¿Robará el hombre a Dios? Pues vosotros me habéis robado. Y dijisteis: ¿En qué te hemos robado? En vuestros diezmos y ofrendas. Malditos sois con maldición, porque vosotros, la nación toda, me habéis robado. Traed todos los diezmos al alfolí y haya alimento en mi casa; y probadme ahora en esto, dice Jehová de

los ejércitos, si no os abriré las ventanas de los cielos, y derramaré sobre vosotros bendición hasta que sobreabunde. Reprenderé también por vosotros al devorador, y no os destruirá el fruto de la tierra, ni vuestra vid en el campo será estéril, dice Jehová de los ejércitos. Y todas las naciones os dirán bienaventurados; porque seréis tierra deseable, dice Jehová de los ejércitos."

Malaquías 3:7-12

Este texto nos enseña que por más de mil años Dios mantuvo un registro de las ofrendas de Israel. Él les había requerido que le dieran el diezmo desde hacía más de mil años. Luego en cierta ocasión les dijo que Él había mantenido un registro, y ellos les habían estado robando. Así que Dios llevaba cuenta de todo lo que ellos daban. Aunque no le guste lo que le voy a decir; esta porción bíblica nos dice que retener la porción señalada por Dios se llama robar. Tal vez usted nunca le ha robado a nadie, pero sí, podríamos ser culpables de robarle a Dios.

Jehová le dice al pueblo de Israel "Traed todos los diezmos al alfolí y haya alimento en mi casa…" ¿Qué es el alfolí? El alfolí según el diccionario de la real academia es un granero o depósito; almacén de la sal. Recuerde que nosotros somos la sal de la tierra. Nuestro alfolí, que es el almacén de la sal, es el lugar donde usted debe llevar sus diezmos. En este caso es la iglesia local. Porque es la fuente de su alimento espiritual, es el lugar donde usted puede preservar su sal para que su ofrenda esté bien salada y Dios la reciba como olor grato a Él. Es el lugar donde usted siembra su semilla para luego cosechar. El alfolí es su granero y su almacén de sal.

Nosotros tenemos que diezmar en la casa de Jehová. En el templo. Ahora ¿a qué alimento se refiere? Al alimento espiritual. El que usted recibe de parte de los que ministran en el altar. Que se preparan para darle a usted el alimento que usted necesita del pan que viene del cielo, la Palabra. Con los diezmos usted provee económicamente para el ministerio. Este ministerio está representado por los apóstoles y pastores, los ministros de Dios que se dedican a trabajar para la obra de Dios. Y que con su servicio ministerial se aseguran que los creyentes que se congregan en el templo no les falte el alimento espiritual. Logrando que el pueblo de Dios crezca y madure en los caminos del Señor.

Pero si los apóstoles y pastores tienen que dedicarse al trabajo secular, es decir trabajando largas horas fuera del servicio a Dios, entonces no tienen el tiempo necesario para orar y preparar la palabra que deben llevar a las ovejas que Dios ha puesto a su cuidado; y si no provee la comida eficaz para el rebaño que pastorea, eso se verá reflejado en las ovejas. Ovejas debilitadas por comer una comida sin demasiada preparación, tanto en la oración como en la meditación.

Cuando usted trae sus diezmos y ofrendas que son del Señor al templo, usted se las está entregando a Dios, aunque usted esté en su negocio particular o en su trabajo. Por medio de su economía, usted está llevando el glorioso evangelio del Señor a través de su pastor o de ministros que predican el evangelio de Jesucristo.

Dios nos promete una bendición con la condición que traigamos todos los diezmos al alfolí. Él dice: "Probadme en esto" Dios requiere que le probemos con nuestras finanzas, en otras palabras, esto es un acto de fe. Porque si damos nuestros diezmos, Él nos promete:

> "**Reprenderé también por vosotros al devorador**, y no os destruirá el fruto de la tierra, ni vuestra vid en el campo será estéril, dice Jehová de los ejércitos. Y todas las naciones os dirán bienaventurados; porque seréis tierra deseable, dice Jehová de los ejércitos."
>
> Malaquías 3:11-12

Dios dice que si le honramos con nuestros diezmos, El derramará tal bendición que no habrá donde guardarla. El impedirá que las plagas (el devorador) se coman cualquier cosa que sea de nosotros. El mismo reprenderá al devorador de nuestras finanzas. Todas las naciones nos mirarán y dirán que somos un pueblo bendecido y reconocerán que Dios verdaderamente nos ha prosperado. Todo esto es prometido como resultado de traer todos los diezmos al alfolí.

Usted tiene que tener claro que retener la porción de Dios es robar. Robarle a Dios es peor que robarle al hombre, y esto acarrea juicio sobre los que lo hacen. Diezmar fielmente trae bendición, y como resultado Dios es glorificado por medio de la bendición que le envía a su pueblo en este caso sobre usted. Diezmar es una prueba de nuestro amor hacia Dios, es prueba de nuestra fe y de la fidelidad de Dios. Pero entienda que debe hacerlo por fe.

También podemos decir que los diezmos que le traemos al Señor son los "impuestos" que Dios nos cobra de lo que Él nos deja ganar, dándonos la vida y todo lo demás que poseemos. La Biblia también nos habla de tributo: "Y apartarás para Jehová el tributo de los hombres de guerra que salieron a la guerra; de quinientos, uno, así de las personas como de los bueyes, de los asnos y de las ovejas" (Números 31:28). Dios les dijo: "apartarás (…) el tributo" de todo lo que conquistaran en la guerra. Tributo significa: Carga continua u obligación que impone el uso o disfrute de algo; Obligación dineraria establecida por la ley, cuyo importe se destina al sostenimiento de las cargas públicas.

El primer significado es "carga continua u obligación". Se dice que es una carga continua, una obligación que alguien impone por el uso de algo, y esto es lo que Dios les dijo: "Tienen que traerme tributo por aquello que ustedes conquisten, ya que todo lo que existe en la Tierra es mío y por dejarlo a ustedes que lo usen tienen mi bendición sobre ello, y es por eso que tienen que tributarme".

El segundo significado dice: "obligación dineraria establecida por la ley". Claramente dice que es una obligación de dinero que la ley ha puesto, y vemos que la ley divina dice que la carga por usar lo que Dios ha creado es el diez por ciento de lo que conquistemos queda claro que Dios es el que pide que se le tribute.

> "**Tributad a Jehová,** oh familias de los pueblos, dad a Jehová gloria y poder. Dad a Jehová la honra debida a su nombre; **traed ofrenda**, y venid delante de él; postraos delante de Jehová en la hermosura de la santidad."
>
> 1a Crónicas 16:28-29

En el hebreo la palabra tributad significa "*yajáb*" dar, venir, poner, traer, tributar. En el diccionario de la real academia española significa: Entregar al señor en reconocimiento del señorío, o al Estado para las cargas y atenciones públicas, cierta cantidad en dinero o en especie; Ofrecer o manifestar veneración como prueba de agradecimiento o admiración.

Dios le pidió a su pueblo los tributos, en reconocimiento de su majestad, de su señorío, de su gobierno universal. Y en el versículo 29 dice: "Dad a Jehová la honra debida", o sea dad la honra que le debes dar, y traed ofrendas. Es claro que habla de dinero.

"Tributad a Jehová, oh familias de los pueblos, dad a Jehová la gloria y el poder. Dad a Jehová la honra debida a su nombre; traed ofrendas, y venid a sus atrios."

Salmo 96:7-8

Dios ha establecido que debemos tributarle. Ese tributo es el diezmo de nuestros ingresos, el diez por ciento de los ingresos. Dios ordena que vengas con ofrendas. Nadie puede llegar ante Dios con las manos vacías. Y se lo pide a todas las familias de los pueblos o sea a todo el mundo. Un tributo es una suma establecida por el que manda, el gobierno, y para que este tributo sea justo, no se demanda en cantidad fija de dinero para cada ciudadano; sino que está basado en el porcentaje que cada persona recibe; de esa manera es verdaderamente justo, ya que todos pagan un porcentaje de sus ganancias, nadie paga más que otro, sino proporcional a sus ingresos, todos pagan de igual manera.

Si nosotros realmente amamos a Dios y queremos bendecir su Reino en la Tierra tenemos que traerle a Él lo que es la porción legal y honrarlo con nuestros diezmos y ofrendas. En el Nuevo Testamento, Jesús habla a Simón Pedro y vemos por qué es tan importante diezmar; porque los diezmos pueden ser una demostración de Amor hacia Nuestro Dios y hacia su Reino, porque con ellos podemos realizar su obra en la Tierra.

"Cuando hubieron comido, Jesús dijo a Simón Pedro: Simón, hijo de Jonás, ¿me amas más que éstos? Le respondió: Sí Señor; tú sabes que te amo. Él le dijo: **Apacienta mis corderos.**"

Juan 21:15

Jesús estaba haciendo entender a Pedro que si en realidad él amaba a Jesús, debía mostrarle obediencia en cumplir con el pedido de Jesús. Vemos que el amor demanda obediencia, responsabilidades que tenemos que tener hacia la persona que decimos amar. Jesús le preguntó: "¿Me amas, Pedro? Si me amas, demuéstramelo haciendo este trabajo que te pido: apacienta mis corderos." "Volvió a decirle por segunda vez: Simón, hijo de Jonás, ¿me amas? Pedro le respondió: Sí, Señor; tú sabes que te amo. Le dijo: **Pastorea mis ovejas.**" (Juan 21:16).

En otras palabras Jesús le estaba diciendo a Pedro: "Si me amas necesito que me lo muestres haciendo este trabajo que te pido, no como un trabajo, sino que sea para ti una responsabilidad u obligación, que sea motivado por amor. Tres veces le preguntó si en realidad lo amaba, y si la respuesta era afirmativa que realizará una obra motivada en amor apacentando su rebaño.

Esto es muy importante, cuando el creyente no da como una obligación sino motivado por el amor, ese diezmo sirve para hacer lo que Jesús le pidió a Pedro que hiciera: Apacentar,

Pastorear, Apacentar. Aquí podemos ver porque es tan importante el diezmo en el Reino de Dios.

Tal vez usted no ve a Jesús pidiendo el diezmo y la ofrenda en Juan 21:16, pero, si realmente lo amamos, es necesario demostrar nuestro amor también con nuestros diezmos y ofrendas.

Jesús dijo: "¿Me amas Pedro, me amas?" "¡Sí!" le contesto Pedro. Jesús no le dijo: "Dame un beso o un abrazo", sino que si en verdad lo amaba apacentará sus ovejas. Apacentar o pastorear significa dar alimento, cuidar. Es también proveer lo necesario para que los corderos se congreguen, para que los corderos tengan dónde reunirse, para que tengan dónde orar. Con los diezmos demostramos el amor a Dios en el lugar donde nos reunimos, donde nos congregamos, no sólo preparamos el lugar y todo lo que hace falta para la congregación, sino que, además, logramos el sostenimiento generoso del pastor, de todo lo que haga falta en la casa de Jehová. Eso incluye la compra y mantenimiento de sillas, instrumentos musicales, y otros artículos; el pago de renta, electricidad, impuestos, etc... En fin, todo lo necesario para pastorear las ovejas. Entonces es más que dar dinero, lo que hacemos en realidad es pastorear, apacentar las ovejas con nuestros diezmos. Nuestros diezmos hacen posible que toda esta inversión necesaria para establecer la obra del Señor se realice a través del pastor que tenemos como líder y a través de la iglesia local establecida. Sólo alguien que sepa amar y tenga el fruto del Espíritu Santo que es amor puede dar sin remordimiento ni mezquindad, sin que le duela porque lo hace por amor.

Es tan importante la base del amor en los diezmos que Jesús le recrimina a los fariseos "Mas ¡ay de vosotros, fariseos! que diezmáis la menta, y la ruda, y toda la hortaliza, **y pasáis por alto la justicia y el amor de Dios. Esto os era necesario hacer, sin dejar aquello**" (Lucas 11:42). En otras palabras de que vale que diezmemos y no obremos en justicia y en amor. De igual manera de que vale que diezmemos si no tenemos amor por las ovejas del Señor. Cuando el diezmo debe ser una demostración de amor. Por eso es muy importante que cuando usted diezme sepa que está cumpliendo con una responsabilidad contraída por amor, y que a través de ese acto de amor usted está poniendo a Dios en primer lugar. Usted está colaborando en la expansión del Reino de Dios en la Tierra y en la evangelización en el mundo. Demuéstrele a Dios que usted lo ama.

A través del amor podemos dar el diezmo que es la cantidad más justa que toda criatura tiene que darle a Dios, en reconocimiento de su señorío, y que en realidad nosotros somos administradores y no dueños de lo creado, y dentro de la creación está el dinero. Nadie logrará la prosperidad completa si no aprende el principio de los diezmos. El diezmo es lo santo, lo consagrado a Dios, pero cuando nos quedamos con él estamos cometiendo fraude. La Biblia registra que Dios le ordeno a los cometían dicha ofensa a pagar el 20 por ciento por encima de sus diezmos.

"Y pagará lo que hubiere defraudado de las cosas santas, y **añadirá a ellos la quinta parte,** y lo dará al sacerdote; y el sacerdote hará expiación por él con el carnero del sacrificio por el pecado, y será perdonado."

Levítico 5:16

Mire lo importante que es para Dios que usted diezme y no se quede con lo que es de Él, que Él mismo estableció este mandamiento en el libro de Levítico 27: 31-32 dice: "Si alguien quiere rescatar algo del diezmo, añadirá la quinta parte de su precio por ello. Todo diezmo de vacas o de ovejas, de todo lo que pasa bajo la vara, el diezmo será consagrado a Jehová." Si alguien quería rescatar el diezmo que le traía al Señor debía añadir al costo real de esa vaca, la quinta parte, o sea el veinte por ciento de su valor, ya que esto tiene para Dios un valor inmenso. Entonces si el valor de esa vaca era, por ejemplo, cien dólares, debía pagar ciento veinte dólares; alcanzaba entonces un valor más alto que si la compraba en cualquier otro lado. Esto es redimir el diezmo; si quieres quedarte con lo que tendrías que diezmar, debes agregarle el veinte por ciento. Ahora ¿qué pasa con aquellos que usan el diezmo? Dicen: "bueno Señor, yo cobré el sábado, y en vez de traer el diezmo el domingo voy a usarlo, o voy a traerlo el fin de semana que viene o voy a traer el diezmo el mes que viene." ¿Qué tienen que hacer? Tienen que agregar el veinte por ciento a la suma que debían de dar.

Para concluir, el libro de Gálatas dice: "No os engañéis; Dios no puede ser burlado: pues todo lo que el hombre sembrare, eso también segará" (Gálatas 6:7). Nosotros no podemos engañar a Dios. Dele a Dios lo que le corresponde porque Él así lo estableció desde el principio.

El secreto de nuestra prosperidad es la bendición del diezmo. Desata una bendición tan poderosa en nosotros que no sólo nos puede sacar de la miseria económica, sino que aparta de ti la maldición, aleja de ti la enfermedad y quebranta yugos en tu vida. También te da un legado para que le dejes a tus futuras generaciones.

¡Prospera! vive la abundancia del Reino, da tus diezmos y tus ofrendas y te alcanzarán las riquezas del Reino.

Bibliografía

1. La Santa Biblia, Antigua Versión de Casiodoro de Reina (1569), Revisión de 1960, Sociedades Bíblicas Unidas.

2. El Plan de Dios para su Dinero, Derek Prince, Editorial Carisma, Miami, Fl, Primera Edición, 1998, ISBN: 0-7899-0114-5.

3. Haciendo Riquezas a la Manera de Dios, Dr. Héctor Hugo Bonarrico, Xulon Press, USA, 2012, ISBN: 9781622304196.

4. Nueva Concordancia Strong, James Strong, LL.D, S.T.D, Editorial Caribe, USA, 2002, ISBN: 0-89922-382-6.

Acerca del Autor

La Dra. Iliana Ramos es una mujer de Dios comprometida con la enseñanza y difusión del mensaje del Reino. Junto con su marido, el Rev. Rafael Cruz, fundó la iglesia El Shaddai en Orlando, Florida, un ministerio hispano que está experimentando un crecimiento de la fuerza sobrenatural de Dios. La Dra. Ramos ha dedicado una gran parte de su ministerio a la formación de dirigentes cristianos en países de América Latina y el Caribe, lo que se traduce en una gran cosecha de nuevas iglesias y ministerios. Es autora del libro Tomando Posesión del Reino.

La Dra. Ramos obtuvo una licenciatura en Administración de Empresas en la "Universidad Metropolitana" en Cupey, Puerto Rico; Maestría en Teología en el seminario teológico "Pentecostal" en Orlando, Florida y un Doctorado en Ministerio en la "Visión University" de Dallas, Texas; también posee un Doctorado en Filosofía en Teología en "Visión Universty of Florida." Actualmente es Presidenta de la Asociación Nacional de Educadores Cristianos (ANEC) e imparte clases de ministerio en el Colegio Latinoamericano de Teología y Ministerio. Desde hace 20 años reside en Orlando, Florida, junto con su esposo y sus tres hijos Francés, Rafael y Rafaelí.

Otros Libros de Dra. Iliana Ramos

PRÓXIMAMENTE DE LA AUTORA
Iliana Ramos, Ph.D